日経文庫
NIKKEI BUNKO

アンガーマネジメント

戸田久実

JN098054

日本経済新聞出版

はじめに

「パワハラを意識しすぎて叱れない」

「価値観の違う相手とのコミュニケーションでイライラしてしまう」

「どうすれば職場の心理的安全性を高められるのか」

そのような悩みを抱えていませんか？


アンガーマネジメントは、1970年代にアメリカで開発された、怒りと上手に付き合うための心理トレーニングです。決して怒ってはいけないということではなく、怒りで後悔しないことを目指しています。たとえば、「あのとき怒らなければよかった」「あのとき怒っておけばよかった」という後悔をしないこと。そのために、怒る必要のあることとないことを見極め、適切な怒り方ができることを目指す――それが、アンガーマネジメントです。

日本では、2011年に日本アンガーマネジメント協会が設立されました。これまでに約100万人以上の人が受講し、導入している企業は約2000社に及びます。

わたし自身は、企業研修の講師業をはじめて28年目になり、講演も含めてのべ22万人にコミュニケーションの秘訣をお伝えしてきました。2020年6月のパワハラ防止法の施行を前にアンガーマネジメントをテーマにした研修が激増しており、受講してくださった多くの方から、「パワハラ防止につながった」「個人・組織のパフォーマンス向上につながった」「職場内のコミュニケーション問題がほぼ解決した」という声をいただいています。

怒りをうまく扱えるようになると、人生が変わります。本書では怒りに巻き込まれたときの対処法に触れているのも特徴です。

マネジメント層の方も、中間管理職の方も、新人の方も、本書がコミュニケーションに悩むすべての方々のお役に立てれば、こんなに嬉しいことはありません。

2020年3月

戸田　久実

アンガーマネジメント　目次

第2章　怒りはどこから来てどこへ向かうのか

第3章 怒りの構造を知ろう 67

第4章 アンガーマネジメントの実践

第5章 怒りに巻き込まれたときの対処法 135

第6章　指導の仕方、叱り方　

第1章

なぜ、いま必要なのか?

1 不機嫌な職場よ、さようなら

本音を交わし合えない職場が増えている

いつもなんとなく社員がイライラしていたり、雰囲気がギスギスしているような職場がありませんか？　チーム内に感情的な人がいて、周りがいつもその人に気をつかいながら過ごしているような現場に遭遇したことはないでしょうか？

日本ではよくみられる光景かもしれませんが、こういった空気が蔓延している職場が、まさに「不機嫌な職場」です。この「不機嫌な職場」には、いくつものパターンがあります。

たとえば、上司が一方的に指示を出すトップダウン方式で、部下は従うだけの関係性であったり、ほかの社員がいる前で、日常的に上司が部下を怒鳴りつけていたり、皆が心のなかでさまざまな思いを抱えながらビクビクと仕事をしていたり……ということが、日常的に起こっています。

こういった職場では、そこに在籍しているメンバーが「失敗したら吊るし上げられるかもしれない」と怯えてしまい、新しいチャレンジに取り組む意欲がわかなくなります。そうなると、「とにかくそつなく失敗せずにやればいい」という人が増えてきたり、何か意見があったとしても、いつも上司の顔色を窺って忖度したり、「自分さえよければいい」という発想のもとで、足の引っ張り合いを始めたりします。

チームのなかに感情的に騒ぎ立てる人がいる場合には、誰かのイライラが伝染して、周りまで不機嫌になってしまうことも……。誰かから八つ当たりされると、その悶々とした怒りを、今度は自分が他人にぶつけてしまうという連鎖が起こるのです。

これらも「不機嫌な職場」でよくみられるパターンです。

上司だけが原因ではなく、部下に問題があって不機嫌な職場がつくられることもあります。たとえば、何をするにも自分のペースで動いてしまったり、ほかの人への配慮がなかったり、チームメンバーに協力をせず、いつも自分のミスを誰かのせいにしてしまう。チームに在籍しているのに、個人プレーばかりに走るというケースもありますね。

こういったときに、上司がパワーハラスメントに該当しないかを気にして、注意できないという状況も、昨今では頻発しています。

もし思い当たることがあるなら、ぜひ、こういった状況から卒業したいものです。

心理的安全性は職場に不可欠な要素

『世界最高のチーム グーグル流「最少の人数」で「最大の成果」を生み出す方法』ピョートル・フェリクス・グジバチ著（朝日新聞出版）のなかで、「心理的安全性は、メンバーひとりひとりが安心して、自分らしく、そのチームで働けること」と書かれています。

では自分らしく働ける環境とはどういったものでしょうか。

それは、「自己認識・自己開示・自己表現ができること」、つまり安心してなんでも言い合える職場です。

この心理的安全性をメンバーが感じていなければ、それぞれのメンバー同士が信頼し合うこともできませんし、目標や計画や役割が明確であっても、仕事に意味を見出すことができず、パフォーマンスも上がりません。だからこそ、心理的安全性は職場環境に不可欠な要素なのです。

心理的安全性は、Ｇｏｏｇｌｅ社が２０１２年から４年かけて取り組んだ「プロジェクトアリストテレス」という大規模労働改革のなかで、「生産性を上げ、チームとして成功するためには、心理的安全性は欠かせない重要なものである」ということを成果報告として挙げたことで、注目を浴びるようになりました。

では、実際に心理的安全性がない職場では、どのようなことが起こってしまうのでしょうか。

たとえば、リーダーがいつもイライラしていたり、自分の「こうあるべき」という考えを押しつけてくる職場や、誰かが失敗したときに、怒りをぶちまけてしまうような環境では、ここで言われている心理的安全性は保つことができないでしょう。

このような職場では、安心して自己開示したり、なんでも言い合える関係性になることは、まずありません。

とくに誰かがイライラしていたら、その人の顔色ばかり窺ったり、萎縮してしまうこともあるでしょう。自分の思っていることを言い損なったり、失敗を恐れたりしてしまうこともあるはずです。そのような環境下では、心理的安全性は実現できません。

ですからパフォーマンスを上げて、心理的安全性を実現させるためにも、怒りをうまくマネジメントする「アンガーマネジメント」に、全チームで取り組む必要性があるのです。

アンガーマネジメントで「不機嫌な職場」が変わる

わたしが担当する研修では、チーム全員で一斉にアンガーマネジメントの研修を受けたいと依頼されることがよくあります。20代の新入社員から50代の役職者まで一斉に受けることもありますし、比較的小規模の企業では、CEOまで加わることもあります。

研修ではお互いに「わたしは、『男性ならここまですべき』という思い込みを持っていることに気がつきました」という自己開示をします。なかには「先日はわたしの『○○するべき』という考えだけで進めてしまってごめんね」と自分を省みる人も見かけます。

また日本アンガーマネジメント協会が開発したアンガーマネジメント診断（自分の怒りの傾向・タイプがわかる診断ツール）を受けて、結果を見せ合いながら「わたしはこんなところに怒りのツボがあるから、こういうところにこだわるんだよね」ということをお互いに共有し合うこともありますし、チームで仕事をするときの価値観をすり合わせていただくこともあります。

チームで共有する際には、

「わたしにはこの仕事の進め方がとても重要です」

「わたしは、それよりもこうやって意見を交わし合うことが大事だと思っています」

などと、何を大切にしているのか、自分の価値観のなかで優先順位の高いものは何なのかを、一斉に開示し合います。

この話し合いの場では、上下関係や社歴やキャリア、知識やスキルの有無などは一切関係ありません。誰にでも「わたしはこれを大切にしている」という価値観があるからです。「わたしにとって、この『こうあるべき』は重要で、こちらはあまり重要ではない。でも、ほかの人にとっては大切なものだ」ということをフラットに話し合える自由さがあったほうがいいのです。

発言に自由度を持たせることによってコミュニケーションが円滑になりますし、パフォーマンスも上がります。

現代の職場では、ただ起きた問題に対処するだけでなく、不機嫌な職場にならないような試みを、社をあげて能動的に取り組む必要が生まれてきているのです。

上司の在り方が、職場環境に多大な影響を及ぼす

わたしが、マネジメント層、管理職向けの研修でいつもお伝えしていることがあります。それは「上層部の方たちが感情をマネジメントできているか否かは、職場環境に大きく影響する」ということです。

権限を持っている立場の人が自分の怒りの感情をマネジメントできないと、その怒りがどんどん下に流れてしまい、職場環境に大きな影響を与えてしまいます。

ですから、リーダー層の人ほど、アンガーマネジメントのスキルは必要だとお伝えしています。拙著『アンガーマネジメント　怒らない伝え方』（かんき出版）も、その必要性から、マネジメント層の人々に支持していただいています。

「不機嫌な職場」に本当にメスを入れるのであれば、まずはリーダー層が怒りをマネジメントできるようになることが重要です。

もちろん若手メンバーにも必要なことではありますが、権限を持っている人の影響は、職位を持っているだけに非常に強いのです。だからこそ、パワーハラスメントという言葉もあるのです。

近年では、部下が上司にハラスメントをする話も耳にするようになってきたものの、まだリーダー層の在り方が職場環境を左右するケースのほうが多くみられます。

いずれにしても、パワーハラスメントの問題があるような不機嫌な職場では、生産性も上がりません。まずはリーダーから、怒りをマネジメントする術を身につけていただきたいところです。

2　パワハラは法的にも規制される

2020年からパワハラ防止法が施行される

2020年6月から、パワハラ防止法が施行されることになりました。2019年5月29日に、参議院本会議にて、女性の職業生活における活躍の推進に関する法律などの一部を改正する法律案が可決され、パワハラ防止対策について法制化されました。

ハラスメント対策を企業に義務づけるものとして、施行時期は、大企業が2020年6月から、中小企業が2022年4月からと報じられています。厚生労働省よりこのような規制法が施行されるため、多くの組織が取り組みを始めています。

現状では、積極的に対策に向けて動いているのは大手企業です。施行が2020年ということや、国から指導が入る可能性があること、また、企業の信頼低下につながることもあるからです。

職場のパワーハラスメントについて、厚生労働省では、次の6類型を明示しています。

① 身体的な攻撃――殴ったり、何かをぶつけたりする暴力的な行為
② 精神的な攻撃――相手を傷つけるような言動で指導したり、やり込めたりすること
③ 人間関係からの切り離し――たとえばひとりだけチームからはずす、プライベートでも飲み会でこの人だけには連絡をしない、情報共有をしないなど
④ 過大な要求――その人の容量を超えるような仕事の依頼をすること
⑤ 過少な要求――仕事を与えなかったり、たいしたことのない仕事しか任せないこと
⑥ 個の侵害――プライベートなことにまで首を突っ込んで干渉すること（たとえば「休日には何をやっているのか？」「なぜ結婚しないのか？」など）

このような6類型のなかで、とくに①身体的な攻撃、②精神的な攻撃などはアンガーマネジメントと関わりがあります。

カッときた瞬間に暴力的な行為をふるってしまうことや、指導の一環として相手を追い詰めるような言動をしてしまうことは、アンガーマネジメントを身につけることで避けられるようになります。

そもそも、パワハラの定義は「優越的な関係を背景にした言動で、業務上必要な範囲を超えたもので、労働者の就業環境が害されること」とされています。

この定義を踏まえたうえでパワハラ防止策をとることが、企業に義務づけられているのです。従わない企業には厚生労働省が改善を求め、それに応じなければ同省が企業名を公表する場合もある、という法律がパワハラ防止法です。

ですから大企業ではとくに、パワハラを防ぐための防止策のひとつとして、管理職にアンガーマネジメントを取り組ませる動きが加速しています。どこまでが指導で、どこからがパワハラなのかという線引きが、多くの人にとって悩ましいところでしょう。

これまではそのような取り組みは決して活発ではありませんでしたし、現在管理職を担っている人が若手だったときに、パワハラではない適切な指導を受けてきたかというと、そうではありません。見本となるようなロールモデルがいないなかで、ただ「パワハラに気をつけなさい」と言われても困ってしまいますね。

パワハラ対策としてのアンガーマネジメント

多くの企業で質問されることは「パワハラの知識はわかったけれど、では具体的にどうすればいいの？」ということです。

たとえば、「パワハラをしてはいけないことはわかるけれど、ついカッとしてしまうことがあるので、感情のコントロール方法を知りたい。アンガーマネジメントを教えてほしい」という人もいます。

また、部下の教育担当者のなかには、「そうはいっても間違ったことをしているのは部下のほうだ」と感じている人もいます。

現在はパワハラに該当するような言動だと言われていても、若かりし頃に「これはこうするものだ」と本人が教わってきたために、振る舞いを変えられないこともあるでしょう。しかしこれからは、この見直しに取り組んでいかなければいけません。

自分たちの「こうあるべき」が正しいと認識している限り、「直さなくてはいけないのは部下や後輩だ」「なぜ上司であるわたしたちが、パワハラをやめろと言われなければいけないのか」という悶々とした思いを抱えてしまう人は、増えていくはずです。

時代の流れによって、価値観は多様化しています。ですから、自分たちの価値観が正しいのかどうかを絶えず見直していかなければ、パワハラ問題を改善することは難しくなってしまうのです。

「パワハラはしてはいけません」と言う前に、その指導に関わってくる自分の価値観を見直すことから始めましょう。

法的に規制され始めるいまこそ、怒りの感情をマネジメントすることの大切さについて、多くの人に気づいてもらう絶好の機会であると思います。

3 価値観の多様化で、「常識」がない職場に

働き方は多様化の一途をたどっている

「働き方改革」という言葉や、「ダイバーシティー&インクルージョン」という言葉を耳にするようになってきました。

年代がほんの少し違うだけでも、価値観が異なるようになってきたと思いませんか？

そのため、自分にとっての当たり前が、誰かの当たり前ではなかったり、自分の常識が誰かの常識ではないといったことが起こりやすくなっています。

たとえば、少し前までは育休は女性が取得すべきだといわれていましたが、現在はそうとも限りません。

会議は顔を合わせて行うのが当たり前と考えられていましたが、最近ではＺｏｏｍやスカイプを使用して、リモートでやりとりすることもできるようになってきました。テレワークを取り入れ、就業時間の自由度を広げている企業も増加傾向にあります。このように、働き

方に関する価値観も多様化してきているのです。

また、年配の男性が「男は、当然出世を望むものだ」という価値観を抱いていることに対して、「昇進や出世に興味はなく、プライベートを充実させて好きなことをやっていきたい」と考える若手の男性が増えてきています。

ひと昔前までは終身雇用というものが主流でした。現在でも、根強く終身雇用を望む人がいる一方で、「自分のキャリアアップのために転職をどんどん繰り返していきたい」という人も目立つようになってきました。最初に入社する会社をひとつのステップととらえている人もいるでしょう。

若手社員の研修をしていると「一般的にこれは常識だろう」と思っていた働き方でも、もはや「常識とは言えないのだな」と感じることがたびたびあります。

それだけ仕事に対する考え方も多様化してきているのです。

若手の転職について、マネジメント側の心構え

上司としては、育てていた人が抜けていくことに、やりきれない思いを抱えることもある

はずです。

では、マネジメント側としては、どのような心構えが必要になってくるのでしょうか。

もともと起業を積極的に奨励するような大企業もあります。大量採用はするものの、起業する人は辞めて出ていっていいというスタンスです。ただ、企業自体にこのような風土がないと、育てていた社員が抜けてしまうことはショックかもしれません。

ある40代後半のマネージャー職の男性は、自分の部下から、

「僕は一生ここでやっていくわけではない、やりたいことがある」

という相談を何度か受けたことがあるそうです。

そういったときには、積極的に本人の意思を尊重したサポートをしているそうです。

たとえば「営業ではなくて、本当は人事の仕事をしたい」という人に対して「だったらそこにいけるように、こういう機会を使ってみては?」という異動の提案をしたり、「海外の仕事をしたい」という希望があれば、「わかった。それならこの期間だけ頑張ってくれたらいいよ」と対応したりするそうです。

「その部下の人生を応援してあげることも、才能を伸ばしてあげることも、マネージャーと

しての役割だ」という思いがあるからとのこと。

そのマネージャー職の男性は、いずれ部下たちが巣立っていったときに、「『前職でこうしてもらえてよかった』と思ってもらえればいいのです」と話していました。彼のもとには、現在でも多くの元部下たちから、職場の先輩後輩という立場を越えて、

「おかげさまで、憧れていた分野の仕事をしています」

「現在はこんな仕事をさせてもらっています」

と連絡があるそうです。

長期的な目線で人を育てるときには、会社の上司としてではなく、ひとりの人間としてサポートするというスタンスもあります。マネージャーや上司には、才能や可能性を支援する役割があるという見方です。

マネジメントする側が、部下の立場になって考えたときに「そうは言っても、ここにいろ」とがんじがらめにされたら、きっと嫌になるでしょう。相談した相手に対して信頼感が芽生えなければ、やる気を失い、パフォーマンスも下がってしまうものです。

　ですから、そうならないためにも、部下が何らかの相談を投げかけてきたら、まず「彼（彼女）は、自己開示ができる人なのだ」と受けとめてみましょう。部下も「この人はわたしのサポートをしてくれる人だ」と思うからこそ、「ここにいる間は、できるかぎり貢献しよう。一生懸命皆のために協力しよう」という気持ちがわいてきます。

　前述した彼は、これを見越して行動していたと言っていました。

　もちろん、部下が離れること自体は残念なはずです。でも、一番落ち込むのは、ある日突然退職届を突きつけられて「辞めます」と言われることです。

　前もって、

「じつはここに一生いるとは考えておらず、やりたいことがあります。それはここではないのです」

　ということを言ってもらえていたら、心の準備もできるものです。

　退職を決断する前ならば説得の可能性もあるかもしれませんが、決めてしまったあとでは、それを変えることはまず難しいです。このことを踏まえて、日々のマネジメントを心がけたいものですね。

マネジメントに行き詰まる2つのタイプとは

マネジメントでトラブルを起こす上司のタイプは、二極化しているように思います。

ひとつは「俺には関係ない」と、自覚なくパワハラをしてしまっているタイプ。

もうひとつは、とても気にしすぎてあれこれ考えてしまう真面目すぎるタイプです。

このタイプの人は、「なぜいちいち言わないとわかってもらえないんだろう」と、思い詰めてしまいがちです。

わたしから見れば、若手社員の範囲である入社5年目の新入社員の育成担当の人でも

「いまの若い子は違う」

「2～3年違うと、もう価値観が違う」

という言葉を口にするくらい、多様化が進んでいるのです。

こんなことがありました。ある新入社員の育成担当の若手社員が「お客様が来る前に早めに資料を整えておいてね」と依頼をしたところ、お客様が来社する2～3分前になってから整えようとする新入社員がいました。その新入社員にとっての「早めに」は、2～3分前に整え始めることだったのです。

思わず「わたしの言っている『早めに』はそんなんじゃない！」と認識の違いを感じてしまったと言います。

マネジメント層の「常識」が通用しない時代に

昨今の若手社員には「ほめて伸びるタイプなのでほめてください」と自分から言ってくるタイプの人もいます。

なかには「毎朝定時通り出勤して3カ月たつのに、なんでそれをほめてくれないんですか」という人もいたそうです。

上司が驚いて話を聞くと、学校では先生が「毎日元気に登校して偉いね」と言ってくれていたから、という理由だったそうです。クラス内で引きこもりや不登校の生徒を出してしまうと、学校によっては先生の評価に関わる場合があります。そのため、先生が生徒に「毎日元気に学校に来てくれてありがとう」と言うこともあるのです。

高校や大学など、義務教育以上の学校にはお金を払って通うので、ある意味ではお客様感覚かもしれませんが、会社は給与を払っている側で、働く人は報酬の対価として働く場。現代の若い世代には、そうした感覚の違いから教えなければならない場合もあるようです。

このような新入社員や後輩の予期せぬ言動に、戸惑う上司は多いことでしょう。後輩たちの突飛な言動に、思わず「これって常識だよね」と言いたくなってしまうかもしれません。

しかしそれを言ってしまうと、相手は「常識」という言葉のほうに反応してしまい、「常識を押しつけられた」「自分が常識のない人間のように見下された」と受け取ってしまうこともあるので、ぐっとこらえたいところですね。

「常識」「当たり前」という言葉の落とし穴

以前、わたしが登壇した新入社員研修で、

「これくらい常識でしょう。知らなかった？」

「これ常識だけど、わからなかった？」

と頻繁に言う先輩がいて困るという相談を受けたことがあります。そして、言われた側は、「常識がないというレッテルを貼られて悔しい、嫌だ」と感じたそうです。

「常識」という言葉を使いそうになったときには、まず「これはわたしにとっては常識だけれど、この人にとっては常識の範囲ではないかもしれない」と考えてみてください。できるだけ「常識」という言葉を使うことは避けましょう。

相手によっては傷ついてしまう人もいますし、逆手にとってくる人もいます。ですから、何かを伝えるときには「常識でしょ」「こんなの当たり前だろう」という言葉で片づけないほうがいいのです。

もし新入社員が前述したような相談をしてきた場合には、本人が「こういったことを望んでいる人もいるのだ」ということに気づけるといいですね。

上司側の経験やキャリアから生まれた「これが当たり前」という意識に部下がとらわれすぎないように「あなたのことを否定する言葉ではないよ」と教えてあげるのが得策です。

お互いの「当たり前」をぶつけ合うことよりも、新入社員が「これがこの会社の先輩たちが長年取り組んできたやり方であり、大切にしてきたことなんだな」と受けとめられるようになることが、コミュニケーションのゴールだととらえてください。

リーダーは、全員共通のビジョンを指し示す役割を担っている

このように多様化している時代において、リーダー層はどのような方向を目指していくとうまくいきやすいのでしょうか。心理的安全性の観点では、価値観や、仕事のやり方は違ってもいいといわれています。

お互いの違いを認めたうえで、「今後どうしていくのか」というゴールに向かって議論を交わしていくことが不可欠です。

建設的な対話ができることが重要なので、「頭が固い」「おかしい」と自分が思うような相手に対しても、グチや文句や罵り合い、相手を批判してばかりの非建設的な発言、自分の言い分を押しつける主張などをしないように気をつけましょう。

話し合うときには、「今後のビジョンや目的を出していくために行います」という説明や共有が必須要素です。

わたしは、個人的には「このチームの方向性を決めるために、ここで思っていることを言い合おう」という考えを共有できてさえいれば、多少の言い合いや議論はあっていいと思っています。そのほうが、忖度するよりも建設的だと思うからです。

4 怒る時間は「ムダ」——生産性向上、働き方改革

生産性を上げるには、感情のマネジメントが不可欠

イライラした感情を抱くと、多くの人は集中力を欠き、冷静な判断ができなくなると言われています。

仕事に集中しなければいけないのに気持ちが削がれたり、ミスを招いたりして、仕事の結果にも影響してしまうのです。

また、どうにもならない状況に対して、

「なんでこうなんだろう」

「どうしてこうなってしまったんだろう」

「どうしてあの人はこうなんだろう」

とイライラしても、解決策は生まれません。つまり、その時間はムダになり、ストレスが溜まるだけになってしまいます。

「怒り」という感情を感じることまではかまわないのですが、その怒りをどう扱うかは、仕事のパフォーマンスを上げることにもつながるため、非常に重要です。

また、「怒り」を周囲にぶつけたり、いつもイライラしていたりすると、チームメンバーとの関係が悪化していきます。結果的に、チームで協力する、貢献し合う、コミュニケーションをとるということも妨げられてしまうとしたら、生産性にも響いてくるでしょう。

働き方改革は、限られたなかでパフォーマンスを上げようという取り組みですから、その点にも影響が生じます。皆がイライラしていたら、働きやすい職場だとは感じられないはずです。

感情をマネジメントできるかどうかは、生産性の向上や働き方改革に大きく関わっているのです。

離職率が激減した工場の事例

ある食品工場では、アンガーマネジメントを取り入れて半年後に離職率が低くなったという事例があります。

もともとその工場では、危険回避のため、怪我をしないようにと厳しく怒りすぎてしまう傾向がありました。現場では、

「何をやっているんだ！　ちゃんと確認しろよ」

「機械のそばに寄るな、危ないだろ！」

と怒鳴られることが多かったのです。

誤ると大事故につながるため、声が大きくなってしまうのは仕方のないことなのですが、度を越えた怒鳴り声になってしまう人や、怒り出すと止まらなくなってしまう人もいました。

そのため、怒っている雰囲気のなかにいるのがいたたまれなくなって、パートさんが辞めてしまうというパターンが工場では多かったのです。

怒りの雰囲気が漂う職場では、自然と会話が減り、皆が様子を窺いながら黙々と仕事をするだけになってしまいますし、「怒鳴られると怖い」と萎縮した状態で仕事をするので離職率も高いという問題がありました。

ところが、そのような問題を抱えていた職場でも、マネジメント層がアンガーマネジメン

ト研修を受けて約半年たつ頃には、職場の会話が増え、報連相（報告・連絡・相談）が円滑になったのです。

この工場が改善に動いたきっかけは、従業員へのアンケート調査で「職場の上司の怒り方が怖い」といった声を拾うようにしたことからでした。そのアンケート結果と離職率の高さから、人事部が危機感を抱き、アンガーマネジメント研修を取り入れることにしたのです。

この工場の研修では、ライン長の方々が受講しました。研修では、まず、

「いままでの怒り方では相手が萎縮したり、心のなかで傷ついたり、反発したり、ビクビクしている」

「そうすると、能力を発揮できなくなって、言いたいことが言えなくなり、必要以上に関わらないように、ちょっとした相談や報告も減ってしまう」

という現状を説明しました。

そこから「叱らなければいけないとき、注意しなければいけないときには、こういう言い方がある」というお話をしていきました。

怒りにまかせて「はぁ〜あ」とため息をついたり、「チッ」と舌打ちをしたり、怒鳴った

りするのではなく、このようなマネジメントをしていきましょう、と2日間かけて身につけていただいた結果、半年後に再度訪問したときには「職場が別の職場のようになった」という声をいただきました。

定着率も安定し、まるで違う職場のように皆が挨拶や会話を交わし合い、笑顔もみられるようになってきたそうです。

他社でも、チーム全員がアンガーマネジメントを取り入れた翌日から、誰かが「こうあるべきだろう」という発言をすると、周りが「あ、いま『べき』って言いましたね」と、職場で明るい会話が生まれるようになったという例があります。

このように、短期間でも職場の雰囲気が変わったという感想を多くいただいています。職場やチームでアンガーマネジメントに取り組むことで、「不機嫌な職場」のコミュニケーションを改善することができるのです。

ポイント

☑心理的安全性があり、自分らしく働ける環境とは
- 自己理解・自己開示・自己表現ができること

☑心理的安全性を実現させるには
- みんなで「アンガーマネジメント」に取り組むこと

☑権限のある立場の人たちにこそ
- 「アンガーマネジメント」が必要
  →リーダー層の在り方が職場環境を左右する

☑パワハラ防止策として
- パワハラについての正しい知識を身につける
- 管理職にアンガーマネジメントを取り組ませる

☑うまくいくためにリーダー層がすべきことは
- お互いの違いを認める
- 「今後どうしていくのか」というゴールに向かって議論を交わす
- 非建設的な発言をしない
- 自分の主張を押しつけない

☑リーダー層がアンガーマネジメントを身につけていないと
- イライラを周りにぶつけ、メンバーとの関係が悪化する
- チームで協力、貢献、コミュニケーションをとることができなくなる
- チームで行う仕事の生産性に響く

☑マネジメント層がアンガーマネジメント研修を取り入れた結果
- 離職率が減少した
- 職場の会話が増え、報連相が円滑になった
- 挨拶や会話を交わし合い、笑顔がみられるようになった

第2章

怒りはどこから来てどこへ向かうのか

1　怒りは自分が生み出した感情

怒りは、誰かのせい、何かのせい、出来事のせいで生まれる感情ではありません。

わたしはよく、いろいろな方から次のような相談を受けます。

「あの人のせいでイライラする」

「部下がミスばかりするから、わたしはこんなに腹が立つ」

「両親が理不尽なことばかり言ってくるから、イライラする」

「取引先が何かとわたしに要求をしてくるので、そのたびにムカムカする」

など……。仕事だけでなくプライベートの人間関係にまで及ぶこともあります。また、

「組織の制度がこうだから、わたしはこんなに不快な思いをしている」

「いま景気が悪いから、こんなにわたしは頭にきている」

といった、外的な要因のせいで怒りを感じている人も、組織にはかなり多いはずです。

ところが、アンガーマネジメントでは「怒りは自分が生み出した感情だ」と考えます。自

分以外の要因のせいにしたままでは、アンガーマネジメントはできません。

というのも、何かのせい、誰かのせいにした状態でいると、

「わたしの感情は誰かにコントロールされます」

「何かの出来事によってわたしの感情は左右されます」

そう宣言しているのと同じだからです。自分が生み出した感情だからこそ、うまく扱うこともでき、感情もコントロールできるのです。

怒りがなぜ生まれるかということについては、第3章でお伝えします。自分の生み出した「怒り」という感情の性質を、まずここでは知っておいてください。

2　怒りは周囲に伝染する

「情動伝染」という言葉があります。

感情には周囲に伝染する性質があるという意味です。感情には、怒りのほかにも、「嬉しい」「楽しい」「悲しい」といったものがあります。たとえば、一緒にいる人が「嬉しいで

す」「楽しいな」という感情を素直に表現してくれることで、雰囲気が明るくなる経験をしたことがあるのではないでしょうか。

それと同じように、怒りにも、誰かがイライラしていると、相手のイライラした感情が一緒にいる人に伝染するという性質があります。自分に直接怒りをぶつけられなかったとしても、一緒に仕事をしている誰かがイライラしていて気分が悪くなることはありませんか？

パソコンに向かってぶつぶつ何か文句を言いながら、「は～ぁ」と変なため息をついていたり、舌打ちしたり、パソコンのエンターキーを不機嫌に叩いていたり……、と相手がイライラしていることを感じると、「なんでイライラしているんだろう」と気になり始め、次第に自分まで不機嫌になっていくのです。

誰かが自分以外の人を怒鳴っている場面に出くわしたとき、「あんな怒り方しなくてもいいのにな……」と、後味の悪い思いをすることはありませんか？

このように、怒りは周囲に伝染するという性質を持っており、同じ空間にいるだけで影響してしまうものです。さらに、怒りは、「嬉しい」「楽しい」「悲しい」という感情よりエネルギーを持っているので、ほかの感情より伝染力が強いと言われています。

いつの間にか怒りの感情を伝染させることのないよう、気をつけたいですね。

3 怒りは高いところから低いところへ連鎖する

怒りは上に跳ね返すよりも下にぶつけてしまう

高い低いというのは、力関係を指しています。

たとえば、どちらの役職の人が上なのか下なのか、キャリアがあるのかないのか、スキルの有無、知識があるかどうか……など、職場に上下関係があることは、容易にイメージできると思います。

上から下へ、高いところから低いところへ、力があるほうからないほうへ、怒りは流れて連鎖する性質があるのです。

役職の高い人が怒りを感じたときに、その怒りは下の人にぶつけやすいものです。怒りをぶつけられた人は、その怒りを上に跳ね返すよりも、矛先を変えて、さらに自分より下の立場の人にぶつけてしまうという可能性が高くなります。

立場が上の人から下の人にどんどん流れて連鎖し続ける、ということが想像できるのではないでしょうか。

これはもちろん職場内に限ったことではなく、家庭内でも当てはまります。

パートナーに対して、どちらかが強いという力関係があれば、夫から妻へ、または妻から夫へ怒りがぶつけられ、その怒りがさらに矛先を変えて子どもたちにぶつけられます。

子どもの場合も、兄弟という関係があるならば、力の強い長子から末子にぶつけられたりします。ひどい場合には、さらに矛先が変わって、学校で弱い立場の子に怒りがぶつけられることもあるでしょう。

このように、怒りは、パワーのあるほうからないほうに、高いところから低いところにぶつけられ、連鎖していくのです。

部下からのパワーハラスメント

怒りは、高いところから低いところに流れるとすると、通常は、力を持っている上司から、立場の低い部下へ、というケースが多いのですが、昨今では、部下のほうが力を持っているという例もみられるようになってきました。

たとえば部署を異動して、新しい部署のマネージャーになった場合。当然いままでいた部下のほうが、部署内の人間関係もできていて、知識・情報も持っています。

そのため、下の立場の人が、新しく入って来た上長に、

「こんなこともわからないんですか？」

「前の上司はこんなことをいちいち聞いてきませんでしたよ」

といったハラスメントをしてくることがあります。

こういったやり方で、立場は上司のほうが上であっても、ここでの力関係は自分のほうが上だ、ということを示そうとする部下もいるのです。ですから、怒りの性質でいう高い低いとは、実際の役職の立場ではなく、その環境において「どちらのほうが力を持っているか」ということが関係しています。

部下に注意ができない上司が増えている

じつはいま、上司が部下との関係性のなかでストレスを抱え、最悪の場合、うつ病になっ

てしまうケースもあるのです。

ひとつは、前述したような、部下からのパワハラのケースです。もうひとつは、最近、パワーハラスメントをやめようと言われているばかりに、注意や叱らなければいけない場面でぐっとこらえてしまうというケースです。

「パワハラになってしまったらどうしよう……」「部下から反発されたらどうしよう」「嫌われるのはイヤだ」と恐れてしまって叱れない人や、注意ひとつできなくなってしまっている人もいます。

一方で、若手のほうが、何か言っただけで「それってパワハラです」と言い返してくることもあります。年代というより人によりけりですが、新入社員でもこういったモンスターのような人がいたこともありました。

これはあくまでも特殊な例ですが、力関係の高い、低いによって怒りは連鎖するという性質があることを、知っておいてほしいのです。

4 身近な対象ほど怒りは強くなる

「この人には言いやすい」と思ったり、逆に「この人には強く言いにくい」と感じることはありませんか？

じつは、身近な対象に対しては、怒りが強くなるという性質があります。

たとえば長く一緒に仕事をしている職場の人たちや、家族、長い付き合いの親友やパートナーなどの場合です。

なぜそんなことが起こるかというと、身近な対象に対しては、甘えが生まれやすいからです。

「長く一緒にいるんだから、このくらいのことは言わなくてもわかるはずだ」
「わたしの思い通りに動いてくれるはずだ」
「少しくらい感情的になっても許されるだろう」
などと思ってしまうことがありませんか？

身近な人にほど、そういった期待や甘えの度合いが高くなる分、怒りが強くなりがちです。少しばかり距離感のある人なら、多少の遠慮があるため、それほど強く怒らないはずですが、身近な人だからこそ、遠慮がなくなってしまうわけです。

こういったことに気をつけず、アンガーマネジメントができていないと、自分にとって大切な誰かを傷つけてしまう可能性があります。

こういった状態をそのままにしておくと、怒りがどんどん連鎖して、自分の周りに怒りが充満してしまいます。とくにパワーがある人は、知っておいたほうがいいですね。

このことは、もちろん職場環境にも当てはまります。

5 怒りは矛先を固定できない

少し難しい表現になりますが、「怒りは矛先を固定できない」と言われています。

たとえばあなたがAさんに怒りを感じたとします。でも、Aさん本人に直接怒りをぶつけず、全然関係のないところで八つ当たりというかたちで怒りをぶつけるということです。

怒りをぶつける対象は、家族や、自分とはまったく関係のないサービス業の人、ネット上のSNS、ツイッターなどへの書き込みかもしれません。あるビジネスパーソンは、「会社でイライラすると、社内に自分の怒りをぶつける相手がいないので、つい絶対に反撃してこないと思うサービス業の人に怒りをぶつけてしまうんです」

と正直に話してくれました。

駅員さんに「なんで電車が動かないんだ」と強い口調で文句を言ったり、接客業の人に「遅いんだよ！」とつらく当たったりする人もいます。コールセンターでは、会社に対してのクレームかと思ったら、ただの八つ当たりの文句だったということも、よくある話です。

このように、本当の怒りの矛先はAさんであるにもかかわらず、まったく関係のないところに飛び火して怒りをぶつけてしまうということも少なくないのです。

怒りがどこに向かうのかは、人によって異なります。

自覚なく行ってしまうことがもっとも怖いことなので、無自覚で周りの人や、反撃してこない相手に八つ当たりをしていないか、振り返ってみるといいですね。

6 生み出した怒りを自分に向けてしまうことも

自分へのイライラが自傷行為につながる

ここまでは、自分以外の人に怒りをぶつけたり、伝染させるという話をしましたが、なかには自分に対して怒りをぶつける人もいます。どういった場合にそれが起こるのでしょうか。

たとえば、結果を出せなかった自分が情けなくなったときに、

「なんでわたしはいつもこうなんだろう」

「なんでこんなことができなかったんだろう」

「なんでこれをやろうと決めたのに、いつもちゃんと続けられないのだろう」

というように、自分に対してイライラするタイプです。

これを続けて、自分を責め続け、メンタルヘルス不調になってしまう人もいます。

じつは、これは真面目な人に多いのです。いつも自分に非があると思い、

「なんでこういうときにちゃんと言えないんだろう」

「なんでできないんだろう」

と考えすぎてしまうのです。

あるいは、上司の期待や親の期待に沿えなかったときに、

「なぜわたしはいつも、結果を出せないんだろう。本当に情けない。どうしてなんだろう……」

と、自分に対してのイライラを溜め込んでしまう人もいます。

このようなケースでは、ひどくなると自傷行為をしてしまうこともあります。

わたしが相談を受けたなかに、30代前半の女性で、イライラし始めると無意識に前髪を抜いてしまうという人がいました。これも自傷行為のひとつなのですが、本人は無意識に行っているので自分ではとめられず、毛根が禿げてしまっていたのです。

症状が悪化すると、自傷行為を自分でやめられない人もいます。その女性は、職場の上司の理解があったので、専門医に通院して、数カ月後に癖がなくなりました。

髪が長かったので、髪型でごまかしていましたが、毛根がなくなると生えてこないので、

一生残ってしまいます。症状が悪化していく前に、怒りをうまく扱えるようにしたいものです。

飲酒やタバコも自傷行為の一種

身体に悪いと思っていても、やけ酒を繰り返す人もいます。「こんなにお酒を飲んだら身体を壊す」とどこかでわかっているのに、自暴自棄になって過度に飲酒をしてしまうのです。このように自暴自棄になることも、怒りを自分に向けている行為のひとつ。つまり、自傷行為に該当します。

こうして自分の心や身体を傷つけてしまう人もいるのです。

よく「気分転換やストレス解消に何をしていますか？」と聞くと、飲酒やタバコが出てきます。でもじつは、イライラするからタバコを吸うという行為は、依存性が高まりますし、本数も増えてしまうので要注意です。

これは、ほかのことにも当てはまります。飲酒・やけ食い・買い物依存症なども同じです。イライラするたびに何かをしてしまうのなら、依存性が高い証拠です。

やけ食いの場合、イライラしたら食べるということを繰り返していると、無意識に習慣になってしまいます。そして刺激が足りなくなり、どんどん量が増えていくのです。このような場合、味わうわけではなく、ただ食べることが目的になっています。

結局、ストレス発散にもならないばかりか、どんどん症状が重くなるだけです。

ほかにも、ストレス発散のためにギャンブルをする、ネットサーフィンをする、TVゲームをする、といったことも依存性を高める行為です。これらに頼り続けていると、どんどん不健康になってしまうので気をつけましょう。

自覚がない自分への攻撃にも注意

怒りを自分に向けて、自ら心と身体を痛めるような行為をすることについて、なかなかピンとこないという人もいます。

以前、ある企業のアンガーマネジメント研修にて、40代の管理職の女性から質問を受けました。

「他人に暴言を吐いたり、暴力的な行為をしたり、物に八つ当たりをするというのはイメージがわくのですが、怒りが自分に向かうというのがよくわかりません」

と言うのです。ところが、この彼女こそが、自分の身体を痛めている人でした。

昼食を一緒にとったとき、職場の体制が古くて上司も理不尽なことばかり言ってくる。自分の部下たちは一生懸命仕事をしているのに、部下たちに申し訳ないと憤りを覚える日々。ここ数カ月は頭痛がするので、毎日頭痛薬を飲んでいる。強い頭痛薬を毎日服用するのはよくないとわかっていても、やめられない。

そんな状況だというのです。

それこそ、まさに自分に向けた攻撃的な行為なのだとお伝えしたら、彼女は、ハッとした顔をしていました。

組織や上司が変わらないことへの憤り。管理職として部下たちに何もできない自分自身の情けなさや申し訳なさからくる怒り。それらを、溜め込むことで、頭痛という反応が出て、身体には悪いと思っていても、薬を飲み続ける。

これは、本人は自覚していなくても、無視できない自虐的行為です。

このように無意識に自分を傷つけてしまう人も増えてきています。

あなたや周りの方々にも、心当たりがないか、振り返ってみてください。

ストレスは発展的に解消しよう

怒りの気持ちに振り回されないためには、健康的なかたちでストレスを発散することです。なかでもおすすめなのが、スポーツです。スポーツのなかでも、とくに有酸素運動がいいですね。

ボクシング、ボクササイズはかなり過激な運動なので、アドレナリンが出て、かえって興奮する可能性があります。ですから、ストレッチやヨガ、ウォーキング、ジョギング、水泳などがいいでしょう。有酸素運動をすると、セロトニンという気分を高揚させるホルモンが出るので、気持ちも落ちつきやすくなります。

ほかには、寝不足が原因でイライラするのであれば、ゆっくりと睡眠をとること。自分の気持ちがラクになること、楽しいと思えることをするといいでしょう。

女性なら、ちょっと疲れてイライラするときには、マッサージに行ったり、エステに行ったりする。ゆっくり温泉に行くことが難しければ、自宅のお風呂で香りのよい入浴剤を使ってゆっくり入る時間をとるのも、リラックスできますよね。

ほかには、好きな音楽を聞いたり、好きな本を読む時間をとってみる。

もし車の運転が好きならば、気分転換も兼ねて車で移動したり、ドライブするのもいいでしょう。

自分なりのお気に入りのメニューを持っておけるといいですよね。

忙しさに追われて、ストレスを気持ちよく解消することを後回しにしてしまう人が多いように感じますが、定期的に発散できたほうが、仕事のパフォーマンスも、幸福度も上がります。

ですから、日頃から、あえていろいろなメニューを持っておいてほしいのです。

たとえば30分でできるメニュー、2時間くらいかけてできるメニュー、1日空いたらできるメニューなど。

わたしならゴルフや温泉に出かけます。忙しくてイライラしがちになってしまいそうな期間があれば、無理にでも休みをフィックス（確定）しておくのもいいでしょう。とっさには思いつかないものなので、あらかじめ健康的なストレス解消法を持っておくといいですね。

自分にとって安心・安全な場所をつくる

第1章で心理的安全性についてとりあげましたが、わたしたちには、安心できる居場所を持っておくことが必要です。

ありのままの自分でいられて、そんな自分を受け入れてくれる人がいる。そう思える場所があるということは、心の支えにも、原動力にもなり、ゆとりまで生まれます。

ストレスを感じることや、イライラすることが多少あったとしても、居場所があることで救われることもあるでしょう。

職場だけではなく、家族や親友、趣味のサークル、学びの集まり、町内会などの何らかの共同体（コミュニティ）に複数属している人が少なくないはずです。そのなかで、「ここはわたしの居場所だ」と感じられる共同体はあるでしょうか？

振り返ってみてください。

もし安心できるコミュニティを持っていないなら、探してみるのもいいかもしれません。思った以上に心の安定を保てるはずですよ。

7 怒りを建設的に使うこともできる

怒りがわくことは、かならずしもマイナスのことばかりではありません。

怒りはほかの感情よりエネルギーが強いので、行動を起こすことにも使うことができます。

本当にアンガーマネジメントができる人は、ムダな怒りに振り回されず、怒りを建設的な行動に向かうパワーに変えられるのです。

たとえば、仕事で、予算が達成できず、結果が出せなかったとき。上司にも達成できなかったことを指摘されたり、自分でも「なんで自分はできなかったんだろう……」ともどかしく感じたとします。

そのとき「なんでできないんだろう」と自分にイライラをぶつけたり、「あの上司が予算を高くしたからだ」と、上司のせいにしてしまってはいけません。

「いまに見てろ、次は結果を出すぞ！」と自分を奮い立たせて、そのために何をしたらいいかを考えていけるといいのです。このように発想の転換ができると、怒りを、次によい結果を出すためのモチベーションとして使うことができます。

また学生時代に、誰かにバカにされて、一念発起する。試験の結果が出なくて先生に怒られたり、親から何か言われたりして悔しい思いをした結果、見事に次の試験で結果を出す。

誰にでも、何かしらこういった経験があるかもしれません。

青色発光ダイオードを発明してノーベル物理学賞を受賞した中村修二氏のインタビュー時の「わたしの原動力は怒りだった」という言葉は印象的でした。

このように、怒りは、行動を起こしたり、結果を出すためのモチベーションに使うこともできます。ですから、決して悪いものとは言い切れません。

本当にアンガーマネジメントができる人は、怒りを建設的な行動を呼び起こすパワーとして使うことができるのです。

怒りの持つ性質を理解し、上手に付き合っていきたいですね。

ポイント

☑アンガーマネジメントでいう怒りとは
- 自分が生み出した感情
- 自分でうまく扱うことができる

☑情動伝染とは
- 感情は周囲に伝染するということ

☑怒りの行き先は
- 力のあるほうからないほうへ下りていく

☑パワーハラスメントをするのは
- 上司から部下に対してばかりとは限らない
- その環境下で、より力を持っている人が行う

☑怒りの矛先は
- 身近な対象に対して強くなる
- 身近な対象には、甘えの気持ちも抱きやすくなる

☑怒りをぶつける対象は
- 固定できない
- 関係のない人に八つ当たりしてしまう可能性もある

☑怒りを自分に向けることは
- 自傷行為に該当する
- 自暴自棄での飲酒・やけ食い・買い物依存症も自傷行為と同じ

☑怒りに振り回されない生活を送るには
- ありのままの自分でいられる安心な居場所を持つ
- 職場ではないつながりも持っておく

☑怒りはマイナスとは限らず
- 建設的な行動に向かうパワーに変えられる

第3章

怒りの構造を知ろう

1　怒りは人間にとって必要な感情

怒りを感情表現のひとつとしてとらえる

怒りは、わたしたち人間にとって自然にわいてくる感情です。

嬉しい、楽しい、悲しいといった感情と同じくらい大切なものですし、怒ることは感情表現のひとつともいえます。

ただし、これまでにも解説してきたように、ほかの感情よりもエネルギーが強いので、扱い方や、表現の仕方に気をつける必要があります。

「怒るのは悪いことだ」「怒るのはみっともないことだ」と思い込んでいる人もいますが、怒ることそのものが悪いことではなく、どう扱うか、どう表現するかのほうが重要です。

うまく扱えるようになるためにも、怒りの構造について理解しておきたいですね。

怒りは心身の安心・安全を守るために必要な感情

怒りは身を守るための感情、つまり防衛感情と言われています。

人は、心と身体の安心・安全が脅かされそうになったときに、怒りをもって対応するという本能があります。

たとえば駅のホームに降りようと階段を降りている際に、後ろから走り込んできた人がぶつかってきて、危うく階段から落ちそうになったら「危ないじゃないか！」と怒りを覚えてしまいませんか？　また、自尊心を傷つけられるようなことを言われたときに、感情的な対応をしてしまったことはありませんか？

わたしたちは、自分の心身の安全を保とうとするときのほかに、自分の権利や、大切な誰かや何かを守ろうとする場合に、怒りをもって対応することがあります。だからこそ、強い怒りを感じてカッとなったときに、つい相手を叩きのめすようなことを言ってしまう人もいるのです。

2 「コアビリーフ」が怒りを生む

怒りは自分が生み出した感情です。

なぜ怒りが生まれるのか。これには自分の「コアビリーフ」が関係しています。

コアビリーフとは、たとえば、「自分にとって譲れない価値観、信条、信じているもの」と、言い換えることができます。

では、コアビリーフを別の言葉で表すとしたら、どんなフレーズが適切でしょうか。わかりやすいのは、「べき」という言葉です。

たとえば「こういうときはこうするべきだ」「こうあるべきだ」といったセリフに言い換えられます。この「べき」という言葉で表される自分のコアビリーフが破られたときに、怒りが生まれるという仕組みになっているのです（図表3－1）。

このコアビリーフは、幅広い範囲に及んでいます。

たとえば、職場の人間関係であれば、「部下はこうあるべき」「上司たるものこうあるべ

図表3-1 「こうあるべきだ！」が破られると怒りが生じる

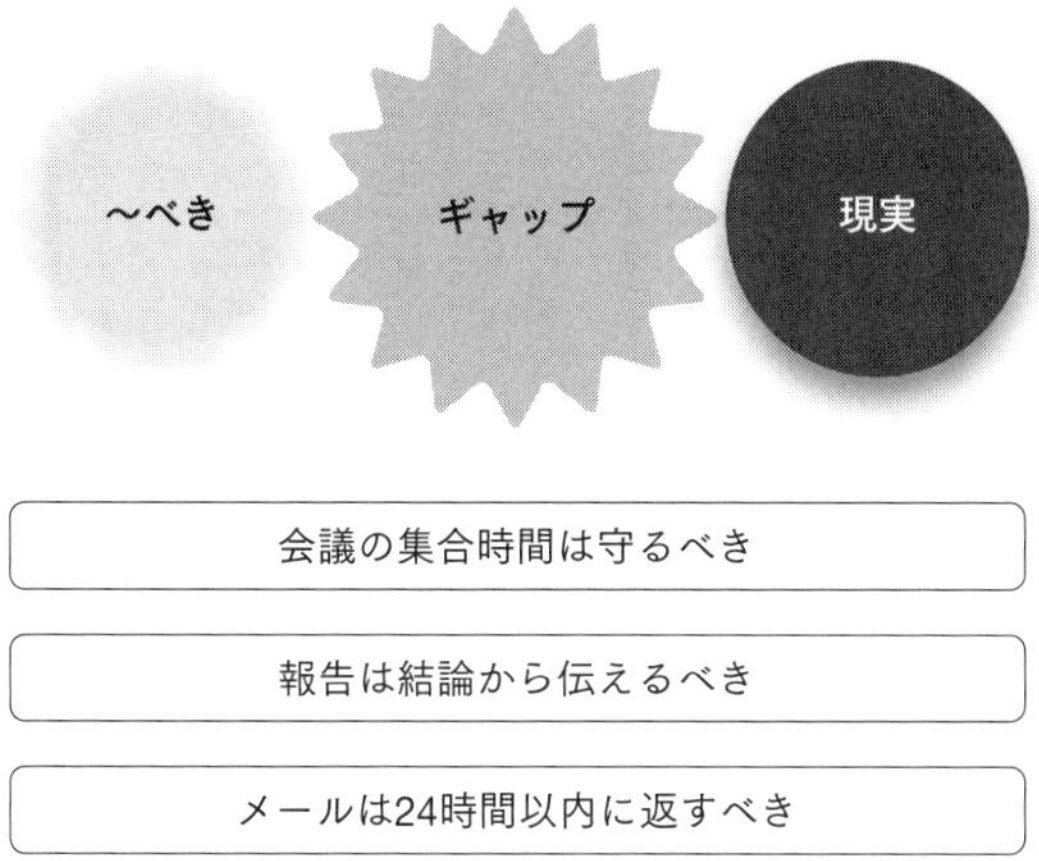
～べき
ギャップ
現実
会議の集合時間は守るべき
報告は結論から伝えるべき
メールは24時間以内に返すべき

［出所］ 日本アンガーマネジメント協会

き」などです。

就労についてのことなら、「組織はこうあるべき」といったものや、「時間や職場のルールはこうあるべき」「女性だから、男性だからこうあるべき」といったものまで……。

わたしたちが生きているさまざまな分野において、「べき」は存在します。

そして、この「べき」こそが、自分の怒りを生む原因にもなるのです。

3 「べき」について知っておきたい3つのポイント

「べき」に正解・不正解はない

前節では、その人にとっての「べき」が破られたときに、怒りがわいてくるという話をしました。コアビリーフについて、もう少し詳しく解説していきましょう。

「べき」には、知っておいてほしい3つのポイントがあります。

まずはじめに、「正解・不正解はない」ということです。

人それぞれ、さまざまなコアビリーフを持っているので、どの人のコアビリーフが正解・不正解ということはありません。もし、自分の「こうあるべき」という思いが叶わなかったとき、「普通」「当然」「常識」「当たり前」「正しい」といった言葉を使っていたら要注意です。

たとえば、

「普通こういうふうにするよね」
「当然こうするべきだよね」
「これって常識だよ」
「これが当たり前だけど」
「これが正しいに決まっている」

など、こういった言葉を言いながら、感情的な発言をしてしまうことがあるなと感じたら黄色信号だと思ってください。

昨今は、価値観が多様化しています。

すでに組織ではダイバーシティ&インクルージョンという言葉も広まり始め、スローガンとして掲げている企業も増えています（ダイバーシティ&インクルージョンとは、ダイバーシティ：価値観の多様化。インクルージョン：認め合う、受け入れるという意味）。

ダイバーシティ&インクルージョンとは、「多様化が推進されているなか、価値観の違うもの同士で一緒にやっていくためには、互いに受容し、活かし合いましょう」という考え方のことです。

自分の常識と誰かの常識が同じとは限りません。自分が当たり前と思っていることが、ほかの人にとって当たり前とは限らないのです。

だからこそ、いろいろなコアビリーフがあっていいですし、「べき」に正解・不正解はないのです。

人によって「程度」の度合いが違う

2点めは、「人によって『どの程度か』という度合いは違う」ということです。

わたしたちは、曖昧な言葉で「べき」を表すことが多いものです。

「ちゃんと報告するべきだ」

「しっかり段取りをするべきだ」

「もっと主体的に仕事に取り組むべきだ」

「相手の立場に立って考え、行動するべきだ」

「お客様には誠意のある対応をすべきだ」

よくこういった発言をする人たちがいます。

しかし「ちゃんと報告すべき」とは、どの程度のことを意味しているのでしょうか。

また「相手の立場に立って考えた行動」とは、どのような行動のことを基準とするのでしょうか。ほとんどの場合、人によってイメージする程度が異なります。

そのため、自分がイメージしている「ちゃんと」と、相手の解釈した「ちゃんと」に食い違いが生まれてしまうのです。それによって、さらなるトラブルが引き起こされることも、少なくありません。

時代や環境によって「べき」は変化する

そして、3点めは、『時代や環境によって「べき」は変化する』ということです。

働き方改革というフレーズが頻繁に耳に入ってくるようになりましたが、働き方に関する価値観も、時代の流れによってかなり変化しています。

たとえばわたしが新入社員として企業に入社した頃は、

「営業は足で稼ぐべき」

「部下は上司より早く帰るべきではない」
「育休は女性がとるべき」
「来客が来たら、まず女性が対応するべき」

こういった「べき」を当たり前だと思って、皆が仕事をしていました。ただ、近年はそのような考えが一般的だとは言えなくなってきましたね。

世代が違えば、「べき」も違ってきます。

たとえば上司は、新入社員であれば「電話の取り次ぎはできて当然だ」と思っていても、固定電話を使わない世代にとっては、もはや電話を取り次ぐことが当たり前ではなくなりました。

「大事なところはメモをとってね」とパワーポイントのスライドを見せたとしても、紙とペンで記録をとるよりも、タブレットやスマートフォンで写真を撮ることが、「メモをとる」ことだと認識していることもあります。

このように、世代が違い、時代が変われば、「べき」が変わるということはイメージできますね。

さらに言うならば、定職者（中途採用者）を採用したり、企業が合併することなどで、これまでの仕事環境と違うことによるすれ違いも増えています。

〈合併の例〉

合併したある企業では、内資系企業（いわゆる日本企業）と外資系企業が統合したときに、役員会議で根回しをするか否かで揉めていたことがありました。

外資系の企業は「役員会議で役員に何かを提案するのであれば、根回しなどするべきではない」と考えていましたが、日本の歴史ある企業は「普通、役員会議で何か提案をするときには、提案する前に役員一人ひとりに『今度こういった提案をします』という根回しをするのが常識だ。どうして根回しをちゃんとしないのか」と外資系の企業の社員と言い争っていました。組織自体の文化が異なりますから「べき」の食い違いが起こりやすいケースと言えますね。

〈定職者（中途）採用の例〉

定職者が集まったある企業では、

「以前のわたしたちの組織では、この仕事に関してはこういった取り組みをしていた」

「普通は、こうやって期限前にチェックをする時間を設けるべきだ」

「いやギリギリでいいんじゃないの？」

といった些細なことで、お互いの「べき」がぶつかってスムーズに決められないということがありました。どちらが正しいというわけではないのですが、風土の違う環境で仕事をしてきた背景があると、どうしてもこのような価値観の行き違いが起こりやすくなります。

どんな「べき」があってもいいのですが、自分の思っている「べき」が正解とは限らないということ、同じような「べき」を掲げていても、どの程度を望むのかは違うということ、時代や環境、世代の違いによって「べき」は変化するものだということ。

これらを理解していない人が多いと、不要な怒りに振り回され、トラブルに発展してしまう可能性があるのです。心に留めておきたいですね。

4　怒りが生まれる3ステップ

怒りは自分の持っているコアビリーフ（○○であるべき）がその通りにならずに破られてしまったときに生まれるものだと前述しました。ここで、怒りが生まれる3ステップを整理しましょう。次のような矢印の表にして示すことができます（図表3－2）。

何らかの出来事を体験したとき、その出来事に対して、わたしたちは自分の「○○であるべき」「○○するべき」というコアビリーフで意味づけをします。

その意味づけによって、怒りを感じる人もいれば、まったく怒りを感じない人もいます。

また、同じように怒りを感じたとしても、その程度が違うこともあるのです。

たとえば、職場の後輩との挨拶の事例をみてみましょう。

ある後輩が、自分に対して、パソコン作業をしながら、こちらの目を見ずに、小さな声でささやくように挨拶をしたとします。もしここで、「先輩であるわたしが挨拶をしたならば、相手は作業の手をとめて、目を見て、わたしに聞こえるような大きな声で挨拶を返すべ

図表3-2　怒りが生まれる3ステップ

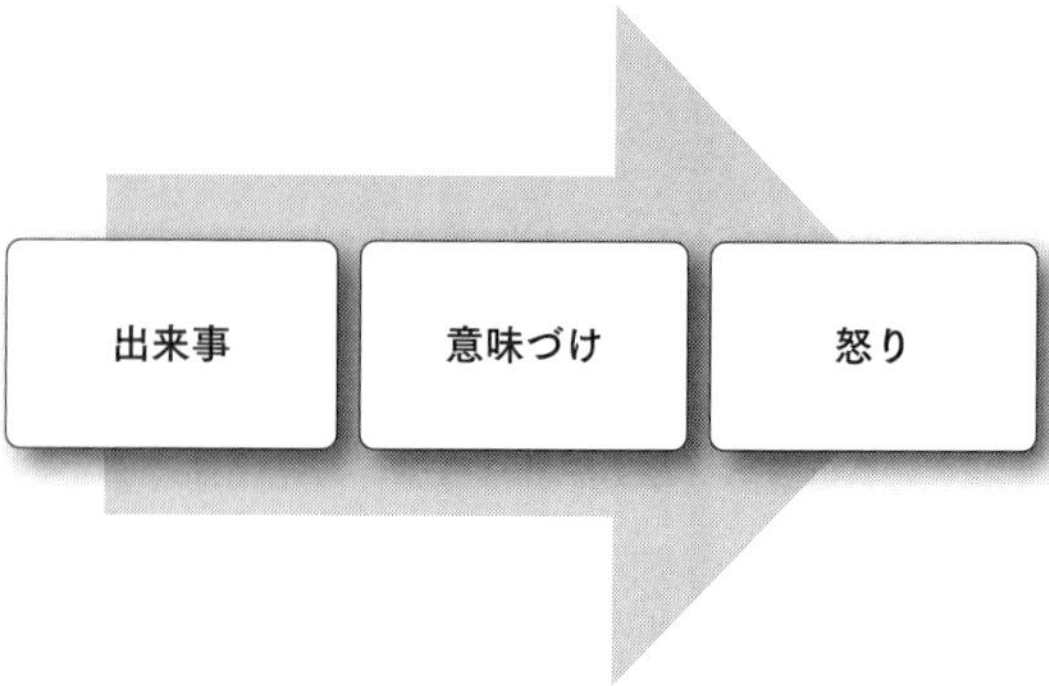

［出所］　日本アンガーマネジメント協会

きだ」というコアビリーフを持っている人だったら、頭にくるでしょう。

「なんでそんな失礼な挨拶をするんだ」と怒りを覚えるはずです。

一方、「忙しいとき、朝はメールのチェックもするだろうから、声だけ出してくれればＯＫ」と思っている人だったら、何も怒りを感じません。

このように、些細なことですが、同じ出来事を体験したとしても、それぞれのコアビリーフによって、受けとめ方や、感じ方は違ってきます。怒りが生まれる人も、生まれない人もいて、どの程度の怒りなのかも異なるわけです。

第2章でお伝えしたように、ほかの誰かや、出来事がわたしを怒らせるのではなく、その出来事を自分のコアビリーフでどう意味づけたのか、それによって怒りが生まれるか否かが、人によって分かれるということなのです。

自分の持っているコアビリーフとうまく付き合えるようになることは、アンガーマネジメントではとても重要な取り組みです。

第4章では、コアビリーフ「べき」をどう扱うかを紹介していきますね。

5 怒りの裏にはいくつもの感情が潜んでいる

怒りの裏側には不安・心配・悲しみ・虚しさなどがある

怒りは第二次感情と言われています。

どういう意味かというと、怒りという感情の裏側には、一般的にネガティブと言われている感情が潜んでいるということです。

不安・心配・困惑・落胆・悲しさ・虚しさ……というようなネガティブな感情を、第一次感情と呼んでいます。

図表 3-3　怒りという氷山の下にはさまざまな感情が

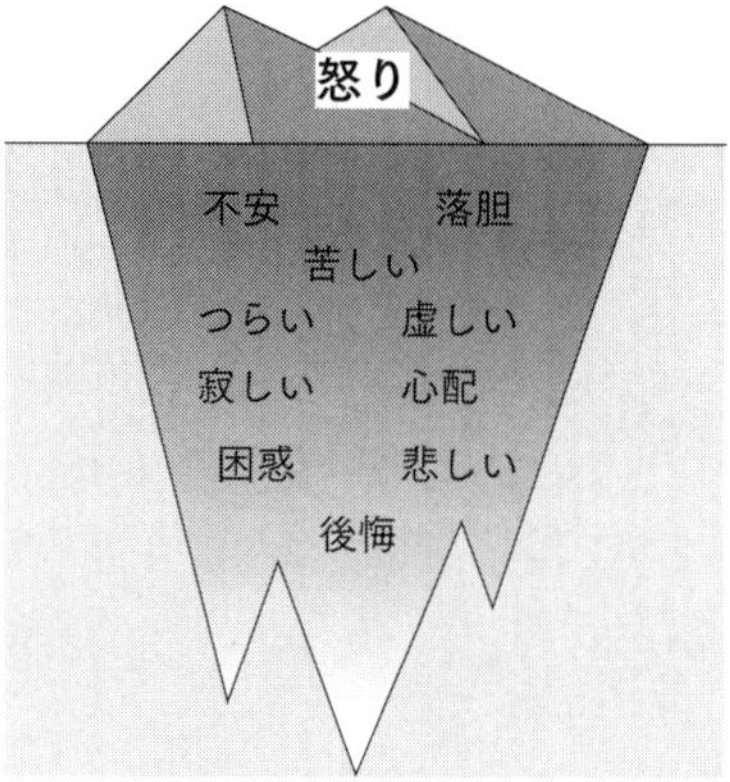

［出所］　日本アンガーマネジメント協会

怒りという第二次感情の裏側には、いまお伝えした第一次感情があるのです。氷山をイメージするとわかりやすいでしょう（図表3－3）。水面上に見える氷山の水面下には、氷の塊が潜んでいますね。同じように、怒りという第二次感情の裏側には、第一感情が潜んでいるということです。

事例を挙げて解説します。

たとえば、部下が何度言っても同じミスを繰り返したとします。そのとき、上司が部下に対して「なんで同じミスを繰り返すんだ！」「何度言ったらわかるんだ！」という怒りをぶつけたシーンをイメージしてください。

このとき、怒りを表現している上司の感情の裏側には、第一次感情が潜んでいるとイメージしてほしいのです。

人によってどんな第一次感情を抱いているのかは違うと思いますが、たとえば、

「同じミスを繰り返されて、とても困惑している」

「誠意を持って教えているのに、その努力が無になったようで悲しい……」

と感じる人もいれば、

「このまま大事な仕事を任せていいものか、不安を抱えている」

という人もいるのではないでしょうか。

本来は、「悲しい」「悔しい」「寂しい」といった感情（第一次感情）を素直に表現できたほうがいいのですが、怒りのエネルギーのほうが強力なために、

「何をやっているんだ！」

「いいかげんにしろ！」

と、つい怒りの態度をとってしまう人が多いのです。

こうなると、相手は萎縮するか、反発してしまうかのどちらかになってしまい、本当に相手に知ってほしかった思いは、伝わりません。

一方、素直に第一次感情を表現できた場合はどうでしょうか。

「同じミスを繰り返されてしまうと、次に大事な仕事を任せて大丈夫か、とても不安になるんだよ」

「同じミスを繰り返されてしまうと、さすがにわたしも今後どう指導していいか、いまとても困っているんだよ」

このように言われると、部下も「そんなふうに思わせてしまったのか……」と反省したり、言われたことを受けとめやすくなると思いませんか。

面談時に激昂してしまった事例

ある30代前半の男性の話です。自分の半年間の評価を、部長や50代の上司との面談でやりとりするときに、激昂してしまった人がいました。

半年間、一心不乱に頑張ってきたので高い評価をつけてもらえると思っていたのに、部長が示した評価がかなり低かった。それで、思わず頭にきて、頭が真っ白になった瞬間に「なんでわたしがこの程度の評価なんですか！」と上司に食ってかかってしまったというのです。

そのとき、少々短気なその上司が「わたしの評価に文句があるのか！」と怒ったことに対して、「わたしだって半年間尽力してきましたよね！」とさらに言い返してしまい、最終的に面談が非常に険悪なものになってしまいました。

相談をしてきた彼に、その対話時にどんな第一次感情があったのか尋ねたところ、こんなことを言いました。

「いままでちゃんと評価してくれると信じていた上司がこんな評価をつけるのだと、とても悲しい気持ちになって、これからどうしたらいいのだろう」

「これほど低い評価をつける上司の下で、これからどうやって仕事をしていけばいいんだろうと困惑もした」

彼は、アンガーマネジメントの考えを知ったあとに、

「『いままで頑張ってきたので、この評価を見て非常に困惑しています』『一生懸命頑張ってきたことが、このような低い評価で、じつはとても悲しい気持ちです』ということを言えばよかったんですね」

と振り返っていました。

「こうしてほしかった」「いまこう感じている」の2点を伝える

これまで、自分のなかにある「こうあるべき」という思いが破られたときに怒りが生まれるという話をしてきました。

怒りを感じたときに、もし言葉にして伝えるならば「こうあるべきだ」よりも、「こうしてほしかった（ほしい）」という要望と「いまそれによってどんな気持ちになっているか」という、この2つを伝えることを、わたしは勧めています。

先ほどの上司との面談の例で言うならば、

「半年間、わたしなりに成果を上げてきました。ですから本当はその成果に見合った高い評価をしてほしかったのです。このような低い評価になさったその理由を教えていただけませんか。正直に言うと、非常に困惑しております」

といった言い方をすれば、相手を不快にすることなく、こちらの思いを伝えることができます。

ミスを繰り返す部下に対する上司側の発言の場合なら、

「こんな小さなミスでも、繰り返すことによって、次に引き継ぐ人の仕事を遅らせてしまうことになるんだよ」

「お客様に出す資料は、小さなミスでも不信感を与えてしまうこともあるんだよ。だから今後こうしたミスをしないように、再度見直してから資料を出してほしい。あまりこういうことを繰り返されてしまうと、わたしも次に大事な仕事を任せていいのか不安になるからね」

と伝えることができますね。

怒りの仕組みがわかっていると、いざ怒りを感じたときに、相手にどう伝えたらいいかもわかるようになります。反対に、誰かに怒りをぶつけられたときにも、相手の第一次感情がわかるようになります。そうすると、自分の怒りにも、相手の怒りにも振り回されなくなっていくのです。

リーダーに求められる「聴く力」「共感力」

本書を読む世代の方であれば、部下や周りの人たちから、愚痴のような相談を受けることもあるのではないでしょうか。

「ちょっと聴いてくださいよ。わたしと一緒に仕事をしているあの人が、全然仕事をしないんですよ！　わたしばかりが負担して！」

「取引先が理不尽な要求ばかり言ってきたうえ、1時間も電話に付き合わされて本当に困るんですよ……」

　こんなことを言われたとき、あなたはなんと答えていますか？

　相手の怒りの裏側の感情がわかるようになると、

「それはすごく困ることだね」

「それはすごく大変だったたね」

　といった、相手の怒りの裏側にある第一次感情に、共感の言葉で受けとめることができるようになります。共感の言葉を返してもらえると、相手も「この人はわたしの気持ちをわかってくれている」と安心できますね。

アドバイスしたり、なだめたりするのはご法度？

愚痴を言ってくる相手に対して「じゃあこうすればいいじゃないか」とアドバイスをするのは、ときには必要かもしれませんが、少し注意が必要です。

話を聴き終わる前に、突然アドバイスだけされると、

「この人はわたしの気持ちをわかってくれていないのかな……」

と思わせてしまうこともあるからです。

実際に、女性の部下が上司に対して「わたしの気持ちをわかってほしい」という要望を抱いていることは多いのです。

こういった場面での最悪な対応は、「で？　何？」と切り返したり、「あなたに問題があるのでは？」と言ってしまうことです。さすがにそういった対応をしてはいけないことはわかっている人が多いのですが、意外とやってしまいがちなのは、「まぁまぁまぁまぁ」とその場をおさめようとすること。

怒っている相手に「まぁまぁまぁ」の言葉を投げかけるのはご法度です。

「この人はまったく自分のことを気にかけてくれない」

「わたしのことはどうでもいいんだ」

と、信頼関係が崩壊する要因になってしまうこともあります。

怒りがわいているとき、人の心はとても過敏になっています。

このような状況のときこそ、マネジメントする側は「相手の第一次感情に寄り添いながらいったん話を聴いてみよう」という姿勢を大切にしたいですね。

ポイント

☑ **怒りは**

- 感情表現のひとつ
- 身を守るための防衛感情

☑ **怒りを生み出しているのは**

- 自分自身
- 「コアビリーフ」（べき）が破られたときに怒りが生まれる

☑ **コアビリーフは**

- 正解・不正解がないもの
- 人によって程度の度合いが違うもの
- 時代や環境によって変化するもの
- 職場環境の変化によっても変わるもの

☑ **怒りは第二次感情**

- 怒りの裏側には第一次感情が潜んでいる
- 第一次感情とは、不安・心配・困惑・落胆・悲しさ・虚しさなどの感情

☑ **怒りの気持ちを伝えるには**

- 第一次感情を素直に表現すること

☑ **怒りの気持ちを向けられたときには**

- 相手の第一次感情に寄り添い、話を聴くという姿勢を持つ
- 相手の第一次感情がわかると共感できる

第4章

アンガーマネジメントの実践

1 アンガーマネジメントの仕組みと分類

対処法と体質改善のテクニック

アンガーマネジメントは、怒りと上手に付き合うための心理トレーニングです。

ここからは、アンガーマネジメントを身につけるために効果的なトレーニング方法をご紹介します。日々取り組んでいくことで、着実にできるようになります。

トレーニング方法には、対処法と体質改善という2つの分類があります（図表4－1）。

対処法というのは、怒りにまかせた行動をしないためのテクニックです。カーッときたときに怒りにまかせて暴言を吐いたり、暴力的な行為をしないための取り組みです。

もうひとつは、長期にわたって取り組むことで、怒りにくくなるという体質改善の意味合いを持ったトレーニングです。

アンガーマネジメントには、この2つのアプローチがあります。

図表 4-1　アンガーマネジメントのトレーニング方法

対処法	体質改善
●怒りにまかせて行動しないためのテクニック ●アンガーマネジメントでもっともやってはいけないのは怒りにまかせた衝動的な行動。それをしないための方法 ●イラッとした瞬間に有効	●怒りにくくなるための長期的な取り組み ●許容範囲を広くし、心の器を大きくする ●長期にわたって継続して取り組むことにより効果が出る

6秒間をやり過ごす

諸説ありますが、怒りが生まれてから理性が働くのに、6秒程度かかると言われています。この6秒間をやり過ごせるようになるテクニックが対処法です。カーッとなったときに、怒りにまかせて行動するのではなく、6秒間を何事もなく過ごせたら、売り言葉に買い言葉のような状況を回避することができます。

怒りはエネルギーが強い感情なので、スキルを使って対応するのがとても有効です。「対処法」と「体質改善」のトレーニングで、怒りをうまく扱えるようになりましょう。

2 怒りに対処するテクニック①——対処法

怒りを数値化する（スケールテクニック）

まずは、6秒間をやり過ごすための対処法からご紹介しましょう。

スケールテクニックは、怒りを数値化するという取り組みです。

スケールとは、ものさしのことで、怒りを感じたら、その怒りが0〜10の値のうち何点だったのかを頭のなかで数値化するという方法です（図表4－2）。

0は、まったく怒りを感じていない穏やかな状態。10は、人生最大級の手が震えるほどの激しい怒りを持った状態をイメージしてください。

この基準を目安に、いま感じている怒りが自分にとって何点なのかという点数を、頭のなかでつけてみてください。

たとえば、部下が大きなミスをしたことに対して怒りを感じたならば、何点なのか。つける点数は人によって違ってかまいません。

図表4-2　怒りを採点する

0点	まったく怒りを感じていない状態
1～3点	イラっとするがすぐに忘れてしまえる程度の軽い怒り
4～6点	時間がたっても心がざわつくような怒り
7～9点	頭に血がのぼるような強い怒り
10点	絶対に許せないと思うくらいの激しい怒り

「これは3点かな？　2点かな？　3点だろうな」

と脳が点数をつけることに意識を向けている間は、怒りにまかせた行動はできないということが狙いです。

同じ出来事を体験しても、何点をつけるのかはその人の自由です。

ある人が5点をつけるようなことでも、ある人にとっては1点にすぎないかもしれません。あなた自身の目安で点数をつけてください。怒りを感じたら、点数をつけることに意識を向けるようにする。これがまず、すぐにできる取り組みです。

これを、1カ月、2カ月、3カ月……と続けていくと、どういうことに対して、どの程度の怒りを感じるのか、自身の怒りの傾向も見えてきます。

多くの人は、「怒っているか」「怒っていないか」の2つにひとつという判断をしがちですが、「いまは1点程度の怒りだな」「これは5点くらいきたな」と、怒りの度合いもさまざまだということが把握できるようになってくるのです。

この方法を職場のメンバー全員で取り組んだことで、不機嫌な職場を改善することにつながった企業もありました。

電話でお客様から理不尽な要求をされたとき、電話を切った後にため息をついて、

「あ〜あ、やってらんねぇよ」

と毒づいていた人が、

「いまの電話は6点だ」

とつぶやいたり、会議で自分の意見にいきなり反論されたときに、「はぁっ⁉」と感情をむき出しにしていた人が、

「いまの発言は3点です」

という冷静な反応をするようになったのです。

そのおかげで笑いが生まれたり、「なんでいまの出来事が6点なの？」といった明るいやりとりが生じます。それまでの不機嫌な反応が数字に置き換えられたことで、職場の雰囲気

もガラリと変わったそうです。

そのほかにも、

「自分だったら1点なのに、なんでこの人はこれに対して3点、4点と言っているんだろう」

「どうしてこんなふうに、人によって怒りの程度が違うのだろう」

ということを聞いてみたり、話してみたりすることで、お互いを知るコミュニケーションのきっかけになり、職場のコミュニケーションも活発になったそうです。

このように、数値化することが、メンバーたちとの共通言語にできるといいですね。

心が落ちつく言葉を言い聞かせる（コーピングマントラ）

怒りがわいたとき、その怒りに対処できるような心が落ちつく言葉やフレーズを頭のなかで思い浮かべたり、自分に言い聞かせるという方法もあります。

怒りを感じたときに心が落ちつく言葉であれば、どんなものでもかまいません。

たとえば「なんとかなるさ」「大丈夫」という言葉はよく聞くフレーズですね。自分がかわいがっているペットの名前と顔を一緒に思い浮かべると、気持ちが落ちつくという人もいます。「死ぬこと以外はかすり傷」という言葉を使っている人、「焼き肉を食べたいなぁ」と自分の好きな食べ物を思い浮かべると、気持ちがそれて落ちつくという人もいます。

管理職の50代の男性で「テクマクマヤコン」という言葉を選んでいる人もいました。このような呪文を、自分で作ってもいいでしょう。

思い浮かべるとつい微笑んでしまうような言葉であれば、なんでもいいのです。

怒りを感じた瞬間に心穏やかになる言葉を考えることは難しいので、事前にいくつか言葉を選んでおきましょう。

数を逆算する（カウントバック）

カウントバックとは、怒りを感じたとき、6秒間をやり過ごすために数を数える方法です。

「1・2・3・4・5・6」と数えてもいいのですが、多くの人は無意識にでも数えられてしまいます。怒りを感じながらでも数えられてしまうようでは意味がありません。

ですから、ちょっと考えて計算しないと数えられないような設定をしましょう。

たとえば、１００から「１００・97・94……」と3ずつ引いて頭のなかで計算をしてみましょう。

２００から「２００・１９４……」6ずつ引いてみるのもいいでしょう。怒りを感じたときには自分が設定した数え方に意識を向け、6秒間をやり過ごすのです。

シンプルですが、とても効果的ですよ。

思考を止める（ストップシンキング）

ストップシンキングは、怒りを感じた瞬間に、自分に「ストップ」と言い聞かせることです。とても単純な方法ですが、これで怒りにまかせた行動をしないようになります。

怒りを感じた瞬間に、頭のなかに真っ白な用紙を思い浮かべて、頭のなかを真っ白にするというのもストップシンキングの方法のひとつです。

たとえばパソコンで仕事をしていて、つい頭にくるようなメールを見たとき。

ある証券会社の方は、パソコン画面を覆い隠せるような白い紙を用意しておくと言っていました。そして、カチンとくるようなメールがきたときに、用意した紙をパッと出して、パソコン画面をあえて自分から真っ白にしてしまうというのです。

画面の情報を遮断して、目の前を物理的に真っ白にしてしまうことで、怒りにまかせた行動をしないように、リセットできます。

簡単に取り入れられるので、ぜひやってみてください。

深呼吸をする

怒りを感じたら、まず深呼吸してみるのも、とても有効な方法です。

怒りを感じているときは、自律神経のなかの交感神経が優位になります。一方、深呼吸をすることのメリットは、副交感神経が優位になることです。そうすることで心が安定するという効果があります。

深呼吸の目安は、1分間に4〜6回。吸って吐くまでが10〜15秒です。

わたしはよく、

「4秒で吸って、倍の8秒くらいかけてゆっくり吐きましょう」

とお伝えしています。

深呼吸は、短い時間では意味がないので、ゆっくり4秒くらいかけて鼻から吸って、口から息を吐きます。8秒くらいかけるつもりで静かに吐いてください。吸うよりも吐くほうに時間をかけたほうが、気持ちが落ちつきます。

また、時間をかけて深呼吸をしたほうが、自律神経の副交感神経が優位に働いて、気持ちが落ちつきやすくなるのです。

いくつか方法をご紹介しましたが、「この方法が一番取り組みやすい」と思うものを選んで実践するといいでしょう。

ダイエットと同じで、健康的に体重を減らすというゴールは同じでも、どんな方法でダイエットをするのか（食事制限、加圧トレーニング、パーソナルトレーニング、ウォーキング、ジョギング……など）は人によって違います。

同じように、怒りにまかせた行動をしないようにするというゴールは一緒でも、どんな方法がベストなのかは人それぞれです。

ご紹介したなかから、取り組みやすい方法をご自身で試して、ぜひ習慣化できるようにしましょう。

五感を使ってグラウンディングする

ふつふつと怒りがわいてきたときに、それが根深い怒りに変わりそうな性格の人には、マインドフルネスのような手法でグラウンディング（地に足をつける）をすることもおすすめしています。これは「いま」「ここ」に意識を集中して、怒りから意識をそらすテクニックです。

やり方は、とにかく怒りがわいた瞬間に、自分が何か集中できそうなことを見つけてみるというものです。

たとえば、わたしたちには五感（視覚・聴覚・嗅覚・味覚・触覚）があります。

嗅覚なら、部屋のなかのアロマのいい香りに、

「柑橘系の香りかな？　ラベンダーの香りかな？」

と集中するのもいいでしょう。

五感で一番影響力があるのは視覚なので、

「いまわたしの視界に入っている海に船が浮かんでいるな。こっちに流れてきているな」

と眺めたり、

「わたしがいま持っているペンは、パイロットの製品で0・38㎜の芯なんだな」

「このスマートフォン、よく見るとこんなところに小さな傷があるな」

と見るのもいいですね。

いつまでも根深く怒りを抱えている人は、怒りに全神経が向いてしまっている状態です。

「なんであいつはあんなことを言ったのか、本当にムカつく。だいたいそんなことを言う奴を人事が採用するのがおかしい」

と、いま怒りを感じていることに意識をすべて向けて、怒りの渦中に身を置いてしまうのです。なかには、「あのとき、あんなことをされた！　なんであのとき……」と過去の出来事を思い出したり、「今度会ったら仕返しをしてやりたい！」と未来に対しての思いをめぐらせてしまう人もいます。

そうではなくて、

「ああ、いまはそんなこと考えている場合じゃない。悶々としている場合じゃないな」

と思うようにしていけるといいですね。
「イライラしている場合じゃないな」
とリセットできれば、怒りの気持ちがすーっと引いていきますよ。

怒りを表すボキャブラリーを増やそう

研修などで、「怒っている状態のことを表す言葉には、どのようなものがありますか？」「ふだん、怒ったときに、どのような言葉を使っていますか？」と問いかけると、なかなか言葉が出てこない人が多くなりました。

出てきたとしても3、4個程度の人が多くみられます。

ということは、いつも同じような言葉を使っているということなのです。

怒りは、本来幅のある感情です。97ページで、怒りを0点から10点までで数値化する「スケールテクニック」をご紹介しました。

点数化すると、怒りは幅のある感情であることがわかるはずです。

それなのに、怒りを表す言葉がワンパターンである人が意外と多いのです。

怒りを表すボキャブラリーが少ないと、うまく表現できず、攻撃的な表現になってしまいやすいのです。ある研修で、怒りがわいたときにどんなフレーズを使っているか振り返っていただいたら、どの程度の怒りに対しても「ムカつく！」としか言っていないという20代男性や、「ありえない！」という言葉しか使っていなかった30代の女性がいました。

怒りを表現する言葉は、多々あります。ムッとする、イライラする、頭にくる、腹が立つ、ムカムカする、はらわたが煮えくりかえる、怒り心頭、憤慨する……など。

「いま、自分の怒りの程度に合う表現は何だろう」「いまのこの感情を表すならどのような言葉がしっくりくるだろう」……というように、日頃から、言葉に対してのアンテナを高めておいてほしいのです。

自分の心の動きを、心のなかで実況中継してみるのもおすすめです。

たとえば、「急なドタキャンの連絡を友人から受けた。その瞬間に頭が熱くなる感じもした。今回は2回目だから、1回目のときと比べたら『ムッとした』というよりも怒りが内側からこみ上げてくるような感じだから『腹が立つ』かな。それとも『腹立たしい』というほうが合うのかな」というようにです。

このように、言葉に対して丁寧に向き合っていく機会が増えていくと、語彙力の幅も広がっていきますし、怒りがわいたときに、最適な表現がしやすくなります。結果的に相手にも伝わりやすくなるので、おすすめです。

3 怒りに対処するテクニック②——体質改善

怒りを記録する（アンガーログ）

アンガーログとは、怒りを感じたときに、そのことを記録する習慣をつける取り組みで、アンガーマネジメントを身につけるうえでは、とくに優先したいトレーニングです。

何を書くかというと、

- 日時
- 場所
- どんな出来事があったのか、そのときに思ったこと
- 怒りの数値（97ページでご紹介したスケールテクニックを参照）

図表4-3　アンガーログの具体例

日時	2月20日
場所	職場で
出来事	部下が提出してきた提案書に誤字脱字が数カ所 顧客の企業名さえも間違えて記載
思ったこと	提案書は提出する前に見直しをすべきだろう 顧客の名前は間違えるべきではない なぜ見直しをしないんだ
怒りの数値	3

以上の4点です（図表4－3）。

フォーマットを自分で作ってもいいですし、ご自身で用意した専用の用紙に書くのでもかまいません。

アンガーログをつけるポイントは3つあります。

①その場で書くこと

②怒りを感じたら、その都度、忘れないうちに書くこと

③書いているときに分析をしないこと

とくに③で、この原因は何か、なぜこんなに怒りを感じたのかなど、怒りが強いほど、ついそこにとらわれて悶々としてしまいます。分析は落ちついて冷静になったときにするとして、とりあえず怒りを感じたことを書き留めておこうというくらいの気持ちで記録してください。

ある程度続けていくと、自分の怒りのパターンがわかるようになってきます。

そして、書いている間は自分の怒りを俯瞰することにつながるので、怒りの渦中に身を置くこともなく、客観的に怒りと向き合えるようになるのです。

出てくる怒りのパターンの傾向は、人によって違います。たとえば、

「職場での怒りが多いな」

「自分が指導をしている部下に対して怒っているな」

「部下よりも上の人に対する憤りを感じることが多いな」

などです。

親、子ども、パートナーといった、家族に対しての怒りもありますね。誰に対する怒りなのかも、人によってさまざまです。

通勤電車で毎日イライラしていることに気づいたという人もいました。

ある50代の男性は、アンガーログで出てきた項目のほとんどが、若い人への怒りの内容でした。公共のマナーを守れない人への苛立ち、時間を守れない人への怒り、待たされることへの怒りばかりという人もいました。

このように、書き出したアンガーログが溜まってくると、自分の怒りのパターンがどんなものかがわかるようになります。そうすると、新たな怒りを感じたときに「またこのパターンだ！」と、瞬時に自分の怒りを省みることもできるようになるのです。

ただ、ひとつ注意しておきたいのは、「バカヤロー」「ふざけんな」「死んでしまえ」といった怒りを吐き出すためのノートではないということです。

「いつ・どこで・どんな出来事があって・こんなふうに思った・わたしの怒りの点数は○点だった」

ということを冷静に記録してください。

もし紙に書くことが難しい状況であれば、スマートフォンに打ち込むのでもかまいません。ご自身専用のパソコンで管理しているカレンダーを利用してもいいですね。

まずは記録してみることが大切です。自由に作ってみてください。

「解決志向」で取り組む（ストレスログ）

世の中には、自分の思い通りにならないことが多々あります。そこでイライラしても何も解決しないばかりか、ますます怒りやストレスが大きくなるばかりです。アンガーマネジメントは、解決志向を基にしています。図表4－4（ストレスログ）で整理してみましょう。

自分がいま怒りを感じている状況は、この表で言うとどこに当てはまるのかを見極めていきます。自分が何か行動することで、この状況はコントロールできるのか・できないのか（変えられるのか・変えられないのか）。そして、それは自分にとって重要なのか・重要でないのか。この4つのうちどこに当てはまるのかを分類するのです。

たとえば、自分が何か行動することによってコントロールできないものとは、

「高圧的で嫌いな上司がいる」

「この人の性格を変えたい」

「会社の制度に対して、どうもイライラする」

などです。

人の性格は変えられませんし、人事権がなければ誰かを異動させることもできません。内容によっては変えられるかもしれませんが、給与額といった会社の制度は、急には変えられません。取引先の担当者が嫌だとしても、担当を代えられるときもあれば、難しいときもあ

図表 4-4　ストレスログ

変えられる コントロール可能	変えられない コントロール不可能
重要 すぐに取り組む ・いつまでに ・どの程度変われば気が済むか 計画を立てて取り組む	**重要** 「変えられない」 を受け入れる 現実的な選択肢を探す
重要でない 余力があるときに取り組む ・いつまでに ・どの程度変われば気が済むか 計画を立てて取り組む	**重要でない** 気にしない 放っておく 関わらない

［出所］ 日本アンガーマネジメント協会

ります。

人間は「自分の力ではコントロールできないことなんだ」とわかると、怒りが大きくならないようにできるものなのです。

一番わかりやすいのは、自然に関わることでしょう。

たとえば、夏の猛暑時に旅行に出かけようと思ったら、台風がきているとします。

「そんなことでイライラしてもしょうがないよね」と思えたら、多少の怒りは感じても、必要以上の大きな怒りにはならないのではないでしょうか。

コントロールできない（変えられない）ことで、かつ重要ではないことの場合はどうでしょうか。たとえば「通勤時の満員電車」「コンビニの店員の接客態度が悪い」といったことは「気にしない、放っておく」と判断しましょう。

どの枠に入れるかはあくまでも自分の判断で決めることで、他者と違ってもかまいません。見極められることが重要なのです。このような判断ができない人は「なんでこんなことが起こるのか」「なんでこんな状況なのか」「なんでこの人はこうなのか」と、どうにもならないことに怒りを抱えて大きくしてしまうのです。

変えられること、変えられないことを分類してみる

部下が同じミスを繰り返しているときはどうでしょうか。

「このミスは自分が何か行動することで変わるだろう」

つまり、

「根気強く指導方法を変えて指導計画を立てて取り組んでいけば、いつかこの人に能力がついて変わるだろう」

と思うのならば、その行動計画を立てていけばいいのです。

「わたしがこの部下の状況を変えられる。これは重要だ」

と思ったら、いますぐ行動計画を立てて取り組むことに、意識を集中させてみてください。いつまでの計画にするのか、何から始めるか、どのような手順で指導するのか、どのくらいの時間をかけるのか……という、細かい行動計画を立てて取り組んでみましょう。

ただ、その人の能力上、これ以上は難しいと感じたり、性格的にもう無理だろうと思うレベルであれば、

「これはコントロールできないことなんだ」

と判断し、重要なのか・重要でないのかを見極めます。重要ではないと思うときは、手放さなければいけない怒りです。ですからこれ以上は、気にしないようにしましょう。

コントロールできないけれども重要だと感じる場合は、とても悩ましいところなのですが、「変えられないという現実を受け入れる」という判断をします。

そして、現実を受け入れたうえで、この状況にこれ以上の怒りを抱えないため、自分ができることは何なのかを考えてみるのです。

その人に割り振る仕事を考え直す、その人のできる範囲のことを任せる、多少のミスにつ

いては、バックアップ体制を作って、影響が最小限になるように仕組みを整える、といったように、現実的にできる対応策を強化したほうがいいでしょう。

解決志向で建設的な行動をする

以前わたしが体験した、成田空港に向かう機内での話です。

朝方雪が降った影響で、滑走路のひとつが閉鎖され、着陸の順番待ちで1時間近く飛行機が旋回したことがありました。

なかには到着予定時刻に着陸できないので怒り始めている人もいました。

機内ではパイロットから現状の説明やお詫びもあり、CA（客室乗務員）さんが一人ひとりに謝罪をしていました。しかし、そのCAさんに対してずっと怒っている人がいたのです。

ビジネスクラスにいた50代くらいの男性は、

「なんで着陸しないんだよ！　なんで旋回しているんだよ！　俺は聞いてないよ！」

とずっと怒鳴っていました。急いでいたのだと思うのですが、CAさんを怒鳴り散らしても、早くは降りられません。

わたしの友人は乗り継ぎが必要だったので、

「成田から長崎に乗り継ぐ予定だった便に間に合わないので、どうしたらいいでしょう？」

とCAさんに相談をし、「それならこうしましょう」と無事に手配してもらうことができました。いずれにしても間に合わないのなら、ずっと文句を言っているより、どうしたら最善なのかということを考えて行動したほうがずっと建設的です。

自分がコントロールできないものに対して怒り続けていると、怒りが大きくなり、ストレスを抱え、結果的に何も解決しません。そのうえ、怒っているので冷静な判断もできず、周りの人にまで怒りが伝染してしまうのです。

このように、怒りの渦中に身を置いてしまうと、いま、自分がここでやらなければいけないことが見えなくなってしまいます。もしも、自分が何か行動することでその状況を変えられるのであれば、怒ってばかりいないで、さっさと行動してしまったほうが早いのです。

また、そもそも自分の人生のなかで重要か、重要でないことなのかもしっかり見極めましょう。自分にとってたいして重要ではないことに大きな怒りを持っている人も多くいます。

怒りにとらわれやすい人に、この傾向が多く見受けられます。

どうにもできないことに悩まない

コールセンターのクレーム対応の担当者のなかに「クレーム電話は、かかってくるな」と祈っている人がいました。でも、いまの職場にいる限り、クレーム電話はゼロにはなりません。それはコントロールできない部分です。

わたしがその人に「何を目指したいのですか?」と聞くと、

「毎回クレーム電話で理不尽なことを言う人ばかりなので頭にきている。応対時間も長くなっていて、ストレスが溜まる。ストレスが溜まらない応対、短時間の応対ができるようになりたい」

ということでした。

この方には、どうしたらクレーム電話の応対時間を短くできるのか、スムーズな応対ができるのか、優秀な先輩に指導を仰ぐことや、自分が応対できないレベルのものは誰に取り次いだらいいのか確認すること、ときには、チームで「こんなふうに仕組みを整えてみませんか？」と提案をしてみることなど、行動を変えることが先だという話をしました。

そうしなければ、電話がかかってきた瞬間に「ほら、またかかってきた。もう嫌になっちゃう！」となるばかりです。

対応策を考え、動くことに注力すれば、余計な怒りはかなり軽減します。意識したいところです。

4　悪循環を断ち切る（ブレイクパターン）

わたしたちには、無意識のうちに自分で繰り返しているパターンがあります。

それがよいパターンであればいいのですが、無意識にやっていることが、悪循環を招いてしまうような、悪いパターンもあるのです。

たとえば、パワハラ問題にならないための指導をテーマとした研修時に、自分が普段部下や後輩を叱るときのセリフを書いていくというものがあります。

無意識に言ってしまっている人が多いので、意識して思い出していただくと「なんで○○

するんだよ」「なんで見直さないんだよ」といった言葉や、「バカヤロー！」「ふざけんな！」「何やってんだよ！」といった、かなり強めのセリフを使っている人もいたのです。

怒っているときにどんな行動をしがちなのかも同時に振り返っていただくと、相手を指さしながら怒るという人、腕組みしながら踏ん反り返る人、机を叩くという人、激しいケースでは、物を投げてしまうという人までいました。

プライベートで、子どもが学校に行く前に口うるさく言って送り出してしまうという人もいます。

たとえば、朝、子どもに向かって「早く支度をしなさい」「早くご飯を食べなさい」「自分で支度もできないの⁉」「まったくもう！」など……。毎朝のように繰り返し小言を言ってしまうという人もいます。

人にはこのような行動パターンがあります。

もし自分の無意識の言動が原因で、相手を叩きのめしてしまったり、言いたいことが何も伝わらない状況になってしまっているのであれば、まずその無意識のパターンに気づくことから始める必要があります。

長年沁みついた習慣を変えるには、大変なエネルギーを使います。ですから、一気にすべてを変えようとするのではなく、何かひとつだけでも意識して変えられるようにしましょう。

たとえば、「なんで⁉」「バカヤロー‼」という言葉を使うのをやめたいと思ったら、その言葉を、別の言葉に言い換えるようにするといいでしょう。第一声で出てしまう「なんで⁉」を、「どうしたらいいと思う？」「ちょっと話を聞かせて？」に変えてみる、というように、自分がほんの少し意識すればできることから変えてみるのです。

また、悪いパターンを壊すためには、日頃から変化に慣れておくことも大切です。

朝起きたら習慣的にこれをしているという、無意識の行動パターンを思い出してみましょう。水を飲む、TVをつける、通勤のときにいつも同じ道を通る、同じ電車の車両に乗る、同じカフェに毎朝行って、同じメニューをオーダーするなど、ルーティンのようなものがあるのではないでしょうか。

こうしたパターンのなかのひとつを、意識して変えるということに慣れておくといいでしょう。たとえば朝起きて水を飲む場合は、いつもの水をお茶にしてみる。毎朝TVをつけて同じ番組を観ている人は、今日だけ違う番組にしてみる。あえていつもと違う経路で通勤してみる。

このように、パターン壊しに慣れておくと、怒りの型を壊すこと（ブレイクパターン）の予行練習になっていいでしょう。

急に自分の習慣だったことを変えることには、誰しも抵抗があります。

しかし、このようなパターンを崩すことに普段から慣れておけば、怒りの無意識のパターンも変えやすくなっていきますよ。

5 事実と思い込みを見極める

自分のコアビリーフを書き出してみる

怒りの元には、自分自身のコアビリーフ「べき」があることを第3章でお伝えしました。

そのコアビリーフである「べき」の思い込みと事実とを見極めるのも、トレーニングのひとつです。

これには、まず、事実と思い込みを見極めるために、自分のコアビリーフを書き出す作業からしていきます。さきほどのアンガーログと同じように、「べきログ」といって、コアビリーフの記録をつける方法があるのです。

アンガーログを書いていくと、そこに関わる自分のコアビリーフがわかるので、アンガーログとセットでつけるのがおすすめです。

「こうあるべき」というコアビリーフが、自分にとって「当たり前で」「当然で」「常識」ととらえていたけれど、じつはそうではなかったということに気づけるようになります。

よく管理職の方から、

「いまの若い人は社会人としての当たり前ができていない」

という声を聞きます。たとえば、50代の部長職の男性に、

「社会人だったら普通、日経新聞は知っていて当然だ。読んでいるべきだ」

と言う人がいました。でもそれは、そうとも限りません。

いまの若手社員は、ニュースや情報を新聞からは得ていないかもしれないのです。Ｙａｈｏｏ！ニュースかもしれませんし、ＮｅｗｓＰｉｃｋｓかもしれません。

自分の「こうあるべき」というコアビリーフが正しいのだと思ってしまうと、さらに怒りが強くなっていきます。常識であり、事実なのだと思い込めば思い込むほど、そうでない相手に対して、

「普通、こうするよね」

「これは当たり前のことじゃないか」

とどんどん威圧的になってしまうのです。こういったケースは本当によくみられます。

本来のコミュニケーションの目的は、自分の正義を押しつけることではありません。相手にわかってもらうこと、わかり合うことが目的です。いつも、

「わたしはいま、こうあるべきと思っているけれど、これって自分が当たり前で普通のことだと思い込んでいないかな？」

と振り返る余裕を持っていなければ、本来の目的を間違えてしまいます。少しでもこういったトラブルをなくしていきたいですね。

見直すべきコアビリーフの例

自分に対するコアビリーフについても、見直しの必要なものがあります。

親から「いい大学に入っていい会社に就職しないとしあわせになれない」と刷り込まれている人もいます。検証してみると、いわゆる上場企業と言われるいい会社に就職しなくても、しあわせで成功している人は世の中にたくさんいます。ベンチャー企業を興して、一代で会社を大きくする人もいます。

世の中で成功しているすべての人が、いい大学、いい会社に入社したわけではありません。

ある50代の男性は、「男は30歳までに結婚すべき」というコアビリーフを持っていました。

「そうでないと社会的に認められないような気がする」

「だから、自分の部下にはとりあえず30歳までに結婚しろと言っているんです」

と話していました。

昔の金融関連の企業では、早く結婚して家庭を持っていないと信頼されないから、若いうちに結婚するべき、という話は聞いたことがありましたが、いまだにそんなコアビリーフを持っている人がいるのです。

しかし、結婚しない人が社会的に信頼できないかどうかは、判断できないことです。

これは、長年信じてきたコアビリーフを正しいと思い込んで、自ら縛られてしまっている状態です。ですから、

「はたしてそうかな？　これにすべての人が該当するのかな？　自分の思い込みかもしれないな」

と疑うことは、とても大切なことです。

コアビリーフは、いつも悪い方向にばかり働くわけではありません。扱い方次第です。

「何事にも全力を尽くすべき」と小さいときから言われてきたために、いろいろなことを頑張ってきた人がいました。

それによっていい結果が出て満足できたのであれば、それはそれでＯＫです。ただ、

「何事においても、いつも１００％。いつでも絶対に」

とまで思っていると、強迫観念のようになって、自分が苦しくなってしまいますね。

苦しいときには、その価値観を緩めていくのも必要です。頑張らないときがあってもいい

のです。自分に向けたコアビリーフと、うまく付き合えるといいですね。

成功体験を記録しよう（サクセスログ）

サクセスログとは、小さなことでも成功体験を記録していく方法です。

わたしは研修で、皆さんの自尊感情を高めるために、成功体験以外にも、自分がいままで頑張ってきたこと、できたこと、得意なことを、外見、内面問わずに書いていただくことがあります。ところが、意外なほど手がとまることが多いのです。とくに男性は、書けないという人が多くいます。

このときにわたしがかならず伝える条件は、誰かと比べないこと。

たとえば、

- パワーポイントが得意
- エクセルに長けている
- 数字に強い
- 部下の面倒見がいい

- 何事にも誠実に努力する性格
- この地域のいいお店を知っている

といったことでもいいでしょう。

- 学生時代に陸上をしていたから足が速い
- キャンプが好きなのでアウトドアの用意が得意
- 手先が器用なので細かなプラモデルを作るのが得意

といった趣味の領域のものでもかまいません。

- スキーやゴルフがうまい
- お掃除が好き
- 料理が得意
- 小さな子に好かれる

といったものでもＯＫです。

このように、自分のよいところを認める作業をしたときに、思うように言葉が出てこない人は、それだけ自己受容度が低いということがわかります。自己受容とは、自分のよいところも不完全なところも受け入れるということです。

人間はそもそも完璧ではなく不完全な生き物です。それを認めたうえで、誰かと比べることなく、まずは自分のいいところにOKを出すところから始めたいですね。

自己受容できず、自尊感情が低い人が、自分の弱さを守るために攻撃的な怒りを誰かにぶつけてしまうというケースも多くみられます。

自分で自分を認めることができていれば、不用意に人を攻撃することも、減っていくはずです。

6　怒る・怒らないの境界線を明確にする

コアビリーフを振り返る方法

アンガーマネジメントは、怒る必要があることと、怒る必要がないことを見極め、線引き

図表 4-5 「べき」の境界線を明確にする

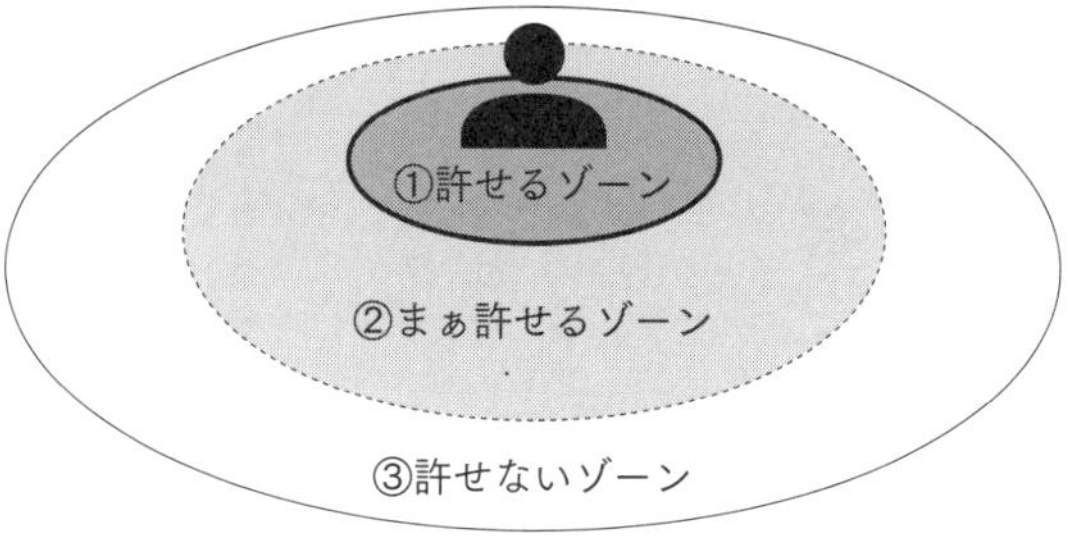

［出所］ 日本アンガーマネジメント協会

ができるようになりましょうというものです。

そして怒る必要のあることに対しては、適切な怒り方ができるようにしていきます。

そのためには、次のようにコアビリーフである「べき」の境界線を明確にしましょう（図表4－5）。

まず①が、自分の「べき」と同じ、100％理想的な状態です。

②が、自分と少し違うが許容範囲、というものです。自分の理想とする「こうあるべき」に当てはまるものではないので、多少イラッとはするけれど、「ま、いいかな」と許容できる範囲です。

③が、「もう許容できない」「怒る必要がある」と判断する状況です。

なかには①しかない人もいます。「絶対こうあるべきだ」と思ったら許容範囲がかなり狭く、これに当てはまらないとイライラしたり、怒りを感じたりします。許容範囲が狭いと、常に怒りっぽい分、自分が苦しくなってしまいます。

ですから「せめてここまでだったらＯＫにするかな」という②の領域を設けていくことは、アンガーマネジメントのトレーニングではとても重要な考え方です。

境界線を引くために、まずしておきたいのは、どこまでが①で、どこまでを②にできるのか、どこからが③なのか、自分の「べき」の境界線を明確にすることです。とくに重要なのが、「怒る・怒らない」の境界線である②と③です。

そして、この境界線を、自分の機嫌によってブレさせないこと。自分の機嫌がいいときに、②の領域が広がる人がいます。自分の機嫌が悪いと、その②の領域が狭まる人もいます。この場合、その人と関わる周囲はかなり戸惑います。

次第に、「この人は今日機嫌がいい」「今日は機嫌が悪い」ということしか伝わらず、その人が何を大切にしているのかはまったく伝わりません。機嫌のよし悪しで言うことがブレる人は面倒な人だと思われてしまいます。

自分の境界線は、言葉で伝える

自分の境界線については、関わる相手にもわかってもらえるような言葉で伝えて共有していきましょう。

とくに近しい相手には「こんなことはいちいち言わなくてもわかるはずだ」と思い込みやすいのですが、たとえ家族であっても、長く一緒に仕事をしているメンバーであっても、具体的な言葉で伝えていかないと、理解してもらえていないこともあります。

ある40代後半の男性マネージャーから、

「部のメンバー20人に対して、もっと会議に主体的に参加しろと言っているのにわかってくれなくて、イライラする」

と相談を受けました。

この方にはまず、そもそも「主体的に参加する」という目標がぼんやりしているというお話をしました。そこで、図表4－5の①②③の範囲を決めてもらいましたが、メンバーにわかるように、境界線を言語化することに、20分もかかりました。

最終的に行き着いたのは、

「わたしの主催する会議では、参加者は自分の意見をひとり1回は発言するべき」というものでした。会議の議題に対して自分がどう考えているのか、なぜその意見を持ったのか、自分の主張とその裏付ける理由をかならずひとり1回は発言してほしい。そうでなければ会議に参加している意味がない。これが①、理想的な状況ということでした。

②は、自分の主張が明確でなかったとしても、せめて議題に対して「○○さんと同じ意見です」と言う。もしくは、裏付けがなかったとしても「いまはここまでしか考えが及びません」という程度でもいいから、何らかの発言をするということでした。

③は、何の発言もしないこと。この場合、最初から最後まで会議にいたとしても、参加する意思を感じられない。この状態だったら注意をうながすということが決まったのです。

ここまで決まるのに20分かかるということは、普段どれだけ抽象的な言葉で部下に指導をしていたのかがわかりますね。

自分の「べき」を発信源にして、わたしたちはいろいろな意見を言います。

部下や後輩に指導をしたり、自分の「べき」が破られたら叱ったりもします。

だからこそ、「べき」の境界線を明確にし、具体的な言葉で伝えていくことが重要です。

ポイント

☑ **アンガーマネジメントは**
- 怒りと上手に付き合うための心理トレーニング
- 対処法と体質改善の2タイプのトレーニングがある

☑ **怒りまかせの行動を防ぐ**
- 理性が働くのに約6秒
- 6秒間をやり過ごせば怒りにまかせた衝動的な行動はしない

☑ **6秒間をやり過ごすための6つの「対処法」とは**
- 怒りを数値化する（スケールテクニック）
- 心が落ちつくフレーズを思い浮かべる（コーピングマントラ）
- 数字を逆算して数える（カウントバック）
- 自分に「ストップ」と言い聞かせる（ストップシンキング）
- 深呼吸をする（1分間に4～6回）
- 「いま」「ここ」に意識を集中させる（グラウンディング）

☑ **怒りにくくする5つの「体質改善」とは**
- 怒りを感じたら記録をする（アンガーログ）
- 怒りを感じている状況はコントロールできるのか・できないのか、自分にとって重要なのか・重要でないのかを分類する（ストレスログ）
- 無意識に繰り返している悪循環のパターンを壊す（ブレイクパターン）
- コアビリーフの記録をつける（べきログ）
- 小さなことでも成功体験を記録していく（サクセスログ）

☑ **「べき」の境界線を扱う際のポイントは**
- 境界線を明確にすること
- 許容範囲を広げる努力をすること
- 自分の機嫌のよし悪しによって境界線をブレさせないこと
- 境界線について、具体的な言葉で伝えること

第5章

怒りに巻き込まれたときの対処法

1 他人の主観に惑わされず相手の感情と割り切る

相手の主観に惑わされない

自分にも「べき」があるように、相手にも「べき」があります。「こういうときには、普通こうするべきだ」「これが常識だ」「これが本来のやり方なんだ」という相手の主観や思い込みによる怒りをぶつけられた経験は、誰にでもあるのではないでしょうか。

このようなとき、相手の「べき」の押しつけや怒りに惑わされて、売り言葉に買い言葉のように言い返してしまう人も多いようです。

たとえば、

「でも、いまはこうしたやり方のほうが正解ですよね」

「それは昔だから通用した話ですよね」

「○○さんの時代といまは違うんですよ」

など……。相手の「べき」を否定して感情的に返してしまうと、相手の怒りが倍増します。ひどくなると、本来の議論から外れた感情のもつれにまで発展してしまうので、注意が必要です。

一方、怒りをぶつけられたときに、悶々と内側に溜め込んでしまう人もいます。内側に溜め込むタイプの人は、とくに相手が上司や取引先の場合には言い返せず、その怒りを引きずります。あまりに不満が積もると、「この人は苦手だ」「嫌いだ」「もう関わりたくない」とまで思い詰めてしまうケースもあるのです。

そこまでの状況になると、関係を修復するのが困難になることもあるので、そうなる前に対処したいものです。

まず、相手に言い返す場合は、怒りにまかせた行動をしないように気をつけましょう。

そのためには、相手が感情的に言ってきたときに、

「いまこの人が言っていることは、この人の主観で判断した『べき』なんだ」

と客観的に判断してほしいのです。

たとえば「こんなやり方で進めるなんておかしい」と言われたとき、

「おかしいなんてひどい！　なんてことを言うんですか！　そっちのほうがおかしいでし

ょ⁉　古いやり方をしているくせに！」

こんなふうに返してしまっては修羅場が待っています。「おかしい」と言われたことにばかり気を取られないようにしましょう。

相手の主観に巻き込まれないためには、

「この人のいままでのキャリアのなかでは、これが正しかったんだ」

と受けとめてから、

「そうなんですね。いまはさまざまなやり方があるので、今回はほかのやり方で進めてみるというケースもありますが、いかがでしょう」

といったことを伝えられるといいですね。

相手の怒りに過剰反応せずに対応するのは、正直なところ、とても大変なことです。訓練を積まなければいけませんが、一度できるようになると、平常心を保ちやすくなるので、マネジメント層の方にはぜひ身につけていただきたいスキルです。

相手の感情に巻き込まれない

また、相手が感情的になっているときは、

「これは相手が生み出している感情なんだ」

と俯瞰する能力も必要です。

俯瞰するポイントは、相手が感情的になっているときに、そのまま怒りに飲み込まれるのではなく、深呼吸をしたり、第4章で紹介した6秒間をやり過ごすテクニックを使って、一拍おくことです。一拍おいてから、

「この人はこういうことを破られて怒っているんだな」

「でもこの人が言っている言葉には主観や思い込みが入っているな」

「それを破られたから怒りを感じて怒っているんだよね」

というように、相手の怒りを心のなかで実況中継してみるといいでしょう。実況中継すると、思っている以上に落ちつきます。

勘違いで怒られたときの対処法

ときどき、相手が勘違いをして怒るケースもあります。

「これは前にこう言ったよね！」と相手が思い違いをして怒っている場合でも「言われていませんけど！」と跳ね返してしまうと、相手がさらに怒り出す可能性もあります。

そういったとき、わたしの場合は次のように対応します。

「○○についてですね。申し訳ありません。その件について、初めて聞きました。恐れ入りますが、もう一度教えていただけませんか？」

まず落ちついて、

「○○のことですか、○○ですよね」

と一度受けとめます。そのあとに、「どうしてほしいのか」を伝えます。「言った」「聞いていない」の言い争いにならないよう、初めて聞いたということを論点にしつつ、今後のことに話を移しましょう。

相手が怒りをぶつけてきた場合

コールセンターでよくお伝えするクレーム対応の事例を挙げます。

お客様が怒りをぶつけてきたときに、

「いまこの人はどんな第一次感情なんだろうか？」

と考えるのです。

「わたくしどもでは、このようなことをします」

という解決提案ができることも重要ですが、相手への心情理解も欠かせません。状況によって、

「このお客様は、いまこのような状況でとても困っているんだ」

「どうしたらいいのだろうと不安に思っているんだ」

というように、相手の第一次感情がわかるようになってくると、

「お客様、ご不安な思いをさせてしまって申し訳ありません」

「ご心配をおかけして申し訳ないことです」

とお詫びをしながらも、相手の第一次感情に共感するような姿勢になることができます。

心情を理解する姿勢で対応することによって「この人はわたしの気持ちをわかってくれた」と納得していただけて、解決に進むケースが多いのです。

逆に、これができなくてただ解決提案だけをして、お客様が、

「あなたはわたしがどんな思いをしているかわかっていないよね。違う人に代わって！」

とヒートアップして二次クレームにつながってしまうケースが少なくないのです。

クレーム対応は橋渡しをすること

クレーム対応にあまり慣れていない方から相談を受けるとき、「対応の仕方がわからない」という悩みのほかに、「お客さまの怒りに対して過剰反応してしまう」というものもあります。

「何をやっているんだ！　こんなことはありえないだろ！」

「ちゃんとわかるように説明しなさいよ！」

とクレームを言うお客様から怒鳴られた結果、動揺してしまって、さらに相手を怒らせてしまったという相談も少なくありません。

こういったことがあると、個人批判をされたように感じてしばらく落ち込んだり、「なんであんなことまで言われなくてはならないんだろう……」とフツフツと怒りがわいてきて、大きなストレスになってしまったりもするのです。

このようなことを避けるには、「『わたしはお客様と組織の橋渡し役』という意識で対応しましょう」とお伝えしています。

お客様は、対応者を通して組織に言いたいことがあるだけで、決して個人攻撃をしているわけではありません。クレーム対応の担当者は、意見してきたお客様が求めていることを理解し、組織として適切な対応をする役割を担っています。

最終的な決済権がない立場だったとしても、上司や担当者への橋渡し役として対応する意識を持つことが求められているのです。

相手の怒りに巻き込まれず、適切な対応をするためには、対応スキルを習得するだけでなく、クレームに一喜一憂しない心も磨いたほうがいいでしょう。

卑屈な怒りを爆発させない

自分に自信がないことで、怒りが爆発しやすくなってしまう人もいます。たとえば、

「Aさんはここを間違えているから、こうやって訂正しようか」

「こういうときはここに気をつけたほうがいいよ」

と言われると、なんとなく自分のできていないところや、弱いところを突かれたような気になって、

「あなただってできていないじゃん！」

「あなたに関係ないでしょ！」

「だってあなたが教えてくれないからいけないんでしょ！」

というような攻撃をしてくる人がいます。

優秀な部下が出てきたときに叩きつぶすという行為も、これに当てはまります。

自己受容（自己肯定感）や自尊感情を育むことは、こういった卑屈な怒りを防ぐには有効だと思います。防衛的な怒り、卑屈な怒りを生み出さなくてすむようになるのです。第4章でも少し触れましたが、こういった怒りにとらわれている人は多いように見受けられます。

たとえば、部下が自分よりいい提案をしたとします。でも、自分に自信のない人は、相手の提案を認めると、自分が情けなくなってしまうような気がするのです。

その結果、相手に、

「言われたことだけをやっていればいいんだよ！」

「いままでこれでやってきたんだから、余計なことは言わなくていい（しなくていい）！」

といった言葉をぶつけてしまうのです。

このように、自分を守ろうとする怒りが働き、部下を攻撃したり、部下を叩きつぶしてしまったりする人がいます。攻撃的なコミュニケーションをとる人は、決して心が強いわけではありません。そういう人たちの姿は、まるで爪先立ちをしているようなイメージで、わたしには倒れないよう、ブルブル立っているように見えてしまうのです。

相手から主観を押しつけられたとき

これは相手の怒りではなく、主観を押しつけられたときの事例です。

わたしは子育てをしながら研修講師を続けていたとき、

「女性は子どもがいたら、出張なんかすべきじゃない」

「子どもが生まれたら、3歳くらいまでは子育てに専念するのが普通だろう」

と言われた経験があります。これはわたしが若い頃のことなので、いまはこういった発言は少なくなっていると思います。

当時のわたしは、企業研修があるときには、子どもを母親に預けて出張に出向いていました。すると、

「なんで子どもが小さいのに働くの？　普通は家で子育てに専念するよね」

という言葉を投げかけられたり、

「子どもが小さいうちから働いていたら、子どもがグレるよ」

とまで言われたこともあります。

こういった場合の対処法には2つの方法があります。

ひとつは、後述する「スルー力」を鍛えるというものです。「女性は子どもがいたら働くべきではない」ということは、あくまでもその人の価値観です。世間一般に当てはまることではありません。ですから、「相手にしてもしょうがない」と思えるのなら、「この人が勝手

にそのように主張していればいいのでは？」という判断ができます。

その場合は、わざわざ自分の意見を言い返さなくても、

「そうなんですね。そういうふうに言う人は多いですもんね」

と聞き流してしまうのもひとつの手です。

アンガーマネジメントの観点で考えるなら、「この人にそんなことを言っても、効き目がないよね」と思うことは、ストレスログの「コントロールができないこと」に該当します。

ですから、もしそれほど頻繁に会う人でなければ、放っておくという判断をしてもいいでしょう。

もうひとつは相手が毎日顔を合わせる上司で、このようなことを頻繁に言われるときの対処法です。毎日顔を合わせている人から、「子どもがグレるとまでは言われたくないなぁ」と感じた場合。怒りにまかせて発言するのではなく、落ちついて、

「わたしはいま、子どもが小さくても働いていますが、これは家族と話し合いのもとで判断したことなんです」

と伝えましょう。

わたしの場合の境界線は、自分が母として働いていることが「当たり前じゃないよ」「普通じゃないよ」と言われるうちは「そういうふうに言う人も多いですよね」と聞き流してもいいレベルのことでした。

ただし「子どもがグレる」「子どもがおかしくなる」「子どもがかわいそう」という、子どもに関わるところにまで言及をされた場合は、はっきりと相手に、

「わたしが働くことに関しては家族の同意のもとで判断して決めていることなので、これに関してはこれ以上言わないでほしいのです」

「子どもがグレる、かわいそうだとまで言われてしまうとわたしもショックです。そういったことは言わないでください」

と境界線を引いていました。

会話を終えたあとに、「あのときに言い返しておけばよかった……」と後悔してしまいそうだという気持ちがわくのなら、その場で自分の思いを伝えることはしたほうがいいでしょう。

決めつけて持論をぶつけてくる人

自分の考えが正しいのだと強く思い込んでいる人は、怒りとともに強く持論を訴えてくることがあります。

ある企業で、2時間の研修を実施したあと、ひとりの男性社員（40代）が、わたしの横にいた研修担当者のところに来て、

「こういう研修に、なぜ2時間もとるんだ。普通は90分のはずだ。2時間もとるのはおかしい！」

という意見を言ってきました。

わたしの研修の中身に対してのクレームではなく、毎回行われる研修の時間そのものに対しての意見だと言いながら、彼が言ってきた内容は、

「ほかの企業でもこういう研修は90分が普通であり、2時間もとるなんて働き方改革を推進している企業としておかしい。30分もあればできる仕事があるのだから、研修のために仕事がはかどらないことが多々発生するし、みんなが90分で実施するべきだと言っている！　今後は90分で実施するべきだ」

ということでした。

彼の言っていた内容には事実ではない思い込みがいくつかありました。

終日研修を実施する組織もあるので、90分の研修が一般的なわけではありません。研修の回数も、年に1~2回程度なので、それほど仕事に影響するとは言い切れません。また「みんなが言っている」というのも事実ではありませんでした。

そのときの担当部長（50代）の対応は適切でした。

「90分でというご要望ですね。そのようなご意見があることは、今後の参考にします。受講した皆さんへのアンケートも実施していますが、時間に関してはちょうどいい、もっと長くしてほしい、というご意見が多くあります。ほかの組織の研修では終日研修もあります。実施時期が○○さんの繁忙期と重なるとそう思われることもありますよね。わたしどもとしては必要な研修だと思っていますので、皆さんのアンケート集計結果もご覧いただき、改めてお話ができればと思います」

と冷静に相手の意見を受けとめつつも、相手の主観に惑わされることなく対応していました。

事実ではない主観に基づいた持論を強く主張してくる相手に対して、非難することなく、冷静にこちらの言い分を伝えている好例と言えます。

相手の感情をコントロールしようとしない

日々寄せられる相談のなかには、「怒っている人をどうにかしたい」という人も多いのですが、そもそも怒っている人をどうにかすることはできません。怒っていることをやめさせるのは、相手の意思が伴うことです。怒っている人に「これ以上怒らないようにしてくださ い」と言っても、相手が「そうだね。しょっちゅう怒っているのはみんなに迷惑だよね」と自覚をしなければ、何も変わらないのです。

ですから大切なのは、怒っている人に巻き込まれず、惑わされない自分でいることです。たとえば隣の人がいつもエンターキーを叩いてイライラしていたり、ぶつぶつ文句ばかり言っているのを見たり聞いたりしていると、だんだん自分もイライラしてきて仕事に集中できないという人がいます。こういったケースではまず、

「この人はまたこんなふうにイライラしているな。でも、わたしの感情じゃないからコント

ロールできないな」

と思うようにと、お伝えしています。具体的な対処法としては、移動できるなら、その人が気にならない場所に席を移ったり、何かほかのことに集中できる手段を見つけたりして、行動を変えていくのがいいでしょう。

怒っている人を「なんとかしよう」と思うと余計に自分が不毛な怒りの渦中に身を置くことになるので、ときには割り切ることも重要なのです。

周りの人が怒っていて嫌な気持ちになるとき

「隣の人がいつも文句を言いながら仕事をしているのが気になる」という相談は意外と多いものです。「は〜ぁ」と変なため息をついたり、作業をしながら何かぶつぶつ言っている。同僚、上司、会社に対する愚痴を聞かされるという相談も多く受けます。

上司が誰かを叱るときに、関係のない人まで不快にさせる叱り方をするケースもあります。たとえば、あるひとりの人をそのフロアの皆の前で上司が怒鳴りつけることで、職場全体が嫌な空気になり、

「なぜあんな怒り方をするのか」

「そこまで言わなくてもいいのに」

「あんな言い方しなくてもいいのに」

と周りまで怒りを覚え始めるのです。

このようなケースでは、その場にいる人たちをどうこうしようとすることは難しいと思ったほうがいいでしょう。

たとえば上司が怒りっぽくて皆を怒鳴りつける場合。上司に、

「あんな怒り方はしないほうがいいですよ」

と進言できるかというと、なかなか難しいものがありますよね。もし同僚など言いやすい間柄だった場合は、

「〇〇さん。イライラしていることが多いようだけど、周りも気になるみたいだから考えたほうがいいよ」

とアドバイスしてもいいと思いますが、これも言い出しにくいと思っている人が多いのではないでしょうか。

伝えられない場合は、イライラしている人に対して、

「あ、始まったな。今日も大変ですね」

「またあんな怒り方をしているけれど、どうしたもんかなぁ」

というような軽い感じで受けとめましょう。コントロールすることを諦めたほうが、気持ちもラクになると思います。

ネガティブな感情に引っ張られない

また、口を開けば「ちょっと聞いてよ！」と愚痴ばかり言ってくる同僚がいた場合。

「自分のことを理解しない」

「上司が悪い。取引先の言ってくることがおかしい」

「後輩が仕事をすぐに覚えない」

「職場の制度がおかしい」

……などと不平不満ばかり言ってくる人は、自分に非があるとは思っていない人が多いものです。

そういう相手に対して、

「そんなことはないんじゃない？」

「そんなこと言わないで、仕事に集中しなさいよ」

などと言っておさまるものではありません。

気をつけたいのが、その愚痴の影響で自分がイライラすることです。聞かされるといい気分にはなりませんし、

「まったく！　なんで愚痴ばかり言ってくるのだろう！　仕事に集中できないじゃない！」

と自分までイライラしてしまうのは避けたいものです。

47ページでも解説したように、感情は伝染すると言われています。とくに、怒りなどのネガティブな感情は、ポジティブな感情よりも伝染力があります。愚痴っぽい人のネガティブな感情に引っ張られないようにしましょう。

愚痴っぽい相手への対応としては、「そうね、わたしもそう思う」とうっかり同意してしまうと、「○○さんもそう言っていた！」と、仲間扱いされてしまうこともありますので、

「へ〜。そんなことがあったのね」とあまり興味なさそうに聞いたり、「そういえば……」と

話を変えたりして対処しましょう。

最優先すべきは、怒りに巻き込まれたり惑わされたりせずに、穏やかな気持ちで仕事をすることです。いつでもここに意識を向けるようにすると、スムーズに仕事も進みますし、ストレスを抱えずに過ごすことができますね。

2 「スルー力」を鍛える

スルー力で怒りをやり過ごす

151ページでもお伝えした通り、相手が何か怒りをぶつけてきたり、カチンとくるようなことを言ってきたときに、「いちいち対応していても意味がないな」と思うのであれば、まともに受けとめずに聞き流す力、スルー力も必要です。

たとえば、電車のなかでぶつぶつ言っている人や、「あの人、言動がおかしいよね」と誰からも思われているような思い込みの激しい人、何かにつけて怒っている人などもいるでしょう。このような人に遭遇した場合は、放っておくのが一番です。

戦いを臨んでしまう人もいますが、同じ土俵に乗らない判断をするのが一番いいのです。
アンガーマネジメントの研修で「最近、何に一番怒りを感じましたか？」と質問したときに、電車のなかでカバンを当ててきた人がにらみつけてきたので「何にらんでんだよ」と言ってしまったという人がいました。このように、自分からケンカを売ってしまう人もいます。

電車やホームで人とぶつかったとき、すれ違いざまに相手から文句を言われたことに対して、ずっと怒りを抱えながら過ごしてしまう人もいます。

これらは、怒りをやり過ごせない人たちによくみられる光景です。

怒りの感情を、半日や1日くらい引きずる人がいますが、これは本当に時間の無駄です。通勤電車でマナーの悪い人がいて、たとえ一瞬はムッとしたとしても、ずっと引きずるほど不毛なことはありません。

さらにこの怒りが自分の時間や仕事のメンバーにまで影響することを考えると、本当にムダな話です。アンガーマネジメントで目指すのは、自分や周囲の人が、長期的に心身ともに健康である選択ができることです。

怒りをずっと引きずるような選択は、しないほうがいいでしょう。

スルー力を身につけるメリット

スルー力が身についたら、余計なことがいちいち気にならなくなり、イライラする機会が少なくなります。そのあとの相手とのコミュニケーションも、スムーズにやりとりしやすくなるでしょう。

イライラする回数が減るような生活をすること自体が、アンガーマネジメントにつながっています。いままでお話ししてきたことは、その人の許容範囲が広がることにもなりますので、実践すればするほど、ムダな怒りに振り回されなくなっていきます。

スルーするときに有効なテクニック

スルーするときには、第4章でも解説したように、まず怒りを6秒間やり過ごして、反応をしないことが重要です。そもそも一生会うこともないような人や、あまり関わりのない職場の人は、ストレスログでいう「コントロールする必要もないし、重要でもない」という分類に入ります。ここを割り切れるようになると、とてもラクです。

ときどき変な人に遭遇すると、怒りの矢が撒き散らされているように感じることがあると思います。そういったときには、

「この人は、ついさっきまで異国に行っていて、いろいろあって疲れているんだ」

などと妄想をして、怒りをやり過ごすという人もいます。

会社の重役の機嫌が悪いときには、

「奥さんにいろいろ説教されたんだな」

「きっとプライベートで嫌なことがあったんだろうな」

「どこかで寂しい思いでもしちゃったんじゃないのかな」

と思うようにしてみましょう。

怒りをこれくらいの軽さにすることも、スキルのうちです。ほかには、

「きっとゴルフでいいプレーができなかったんだ」

「娘さんに『お父さんのと同じ洗濯機で洗われたくない』と言われたんじゃないか」

「子どもに『お父さんは臭い』と言われたのでは？」

「息子さんが反抗期真っ只中なのでは？」

「お小遣いが下がったからだ」

……など、思わず笑ってしまうような理由を自由に妄想するのも、心に余裕が生まれるのでおすすめです。

異文化コミュニケーションだと割り切る

何の気なしに「あなたは田舎出身だからわからないよね」と言われたことを、本人が気にして過剰にショックに受け取ってしまうというケースがあります。

こういった場合は、もともと言葉が乱暴な人もいるので、言葉自体にあまり惑わされないほうがいいでしょう。ここでも、相手を異国の人だと思うことがいい対処方法になります。

ある男性経営者に、女性のマネジメントが抜群に上手な人がいます。

部下の女性たちがお互いに嫉妬することもなく、イキイキとしている会社で、所属している女性たちがのびのびと活躍する組織を運営しています。

彼に、面倒な人に対してどうやって対応しているのかを伺うと、

「異国の人だと思うようにしているんです」

とひと言。自分とは違う国から来たのだと思うようにすると、何か違いがあっても「こういうときは、こう思うのか」と考えることができると言います。

「なんでこういうやり方をするんだろう」

ではなく、

「なんでいちいちこんなことを言うんだろう……。面倒くさいなぁ」

「なるほど。異国から来た人はこういう言葉を選ぶのか」

とソフトな受け取り方ができるそうです。

同じ日本人同士といえども、文化が違います。言葉だけを受け取ると乱暴に感じる場合でも、じつは語彙（言葉）を知らないからそういう言葉を使っているだけで、思ったより悪気がないこともあるのです。

言葉だけは受け取って、ギスギスしてしまう人間関係では疲れてしまいますよね。

「この人はこういう人だよね」

「文化が違うだけで、この人には悪気がないかもしれない」

と思えれば、受けとめるほうもラクになるでしょう。

3 過去の怒りに苛まれないために

過去に怒りを感じた出来事のなかには、時間の経過とともに忘れてしまうものもあれば、思い出すとふつふつと怒りがわいてきて、

「あのとき、なんであんなことを言われたんだろう！　どうして!?」

と悶々としてしまうことも、あるのではないでしょうか。

ある50代の女性管理職の方の話です。

42歳になったある日、諦めていた子どもを授かり、男性上司（部長）に妊娠したことを報告しました。すると、

「え!?　管理職（課長）になったばかりなのに!?」

と戸惑った顔で言われ、さらに「その年齢で……」とつぶやくように言われた瞬間、

「あ、わたしの妊娠は喜ばしいことではないんだ……。そして、『その年齢で』なんてひど

い……。わたしがもっと若ければ、『おめでとう』と言ってもらえたのかな……」と複雑な思いが渦巻いて悲しくなり、あとから怒りまで込みあげてきたそうです。

その後、無事に出産して、子どもも10歳になりました。でも、10年以上たっても、その当時のことを思い出すとその怒りがわき出てくるというのです。

どれだけ傷ついたかを言ってやりたいものの、タイミングを逸してしまったうえ、その当事者は、もうその部署にはいません。

その彼女がアンガーマネジメントを学び、しばらくたったときに「心がラクになった」と報告してくれました。

「あのとき傷つき、怒りを感じたことを伝える相手はもう目の前にはいません。わたしが理想とする未来は何だろう。どんな自分の状態なんだろう。そういうことを思い描いていたら、怒りを抱えて悶々とする自分の姿ではないと思ったんです。

どうにもならない過去の怒りに苛まれて生きることが理想の自分の未来ではない。それならば、怒りを手放すことが自分にとっての最善のこと。そう思って、自分がどう生きたいのか、心穏やかに、ありたい自分の未来に目を向けるようにしました。そうしたら、とてもラクになったんです」

彼女のように、過去に抱いた怒りが自分を苦しめ、いつまでも悶々としている自分さえ嫌になってくる、ということは、決して珍しくはありません。

ときには自分と相手を許すこと。許すことでラクになることもあります。

許すことは、許せない相手に負けることではありません。

大切なのは、自分がこれからの人生をしあわせに生きるための選択をすることなのです。

4 怒りを持ち込ませない心をつくる

イライラした雰囲気を醸し出さない

マネジメント層によくみられるのが、周囲から話しかけづらい雰囲気になっているという点です。とくに、仕事のことばかり真剣に考えていることで眉間に皺を寄せて不機嫌そうな雰囲気を醸し出してしまっていたり、無意識のうちにしかめっ面でいたりすると、それだけで周囲に威圧感を感じさせてしまいます。

アンガーマネジメント研修を実施する際には、怒っている人や不機嫌な人、イライラしている人についてどう思うのか、参加者の皆さんに質問します。すると、

「そういう人には最低限の連絡や報告だけですませる」

「必要以上に近づきたくない」

「つい顔色を見てしまう」

「萎縮してしまう」

「関わると面倒くさくなりそう」

という答えが返ってきます。

自分が無意識のうちに放っている空気を、周りは敏感に感じ取ってしまうものです。マネジメント層の方こそ、日頃から、穏やかな雰囲気でいること、ほがらかな佇まいでいることを心がけたいものです。

24時間アクトカーム

平常心で過ごすためのヒントに、「24時間アクトカーム」という、アンガーマネジメント

のテクニックをご紹介します。名前の通り「穏やかな自分を演じよう」と決めて過ごすためのものです。

疲れてしまうので、毎日行う必要はありません。

1週間に一度でも、「今日1日は穏やかな自分を演じよう」という日をつくるのがいいでしょう。自分はどんな表情で1日を過ごすのか、どんな態度で、どんな言葉を発して、どんな話し口調で接しようか……と、1日意識して演じてみるのです。

自分が穏やかなら周りはどういう反応をしてくるのか。話しかけてくれたり、穏やかに接してくれたり、周りの人が自分と話しているときの表情や態度がどのような感じになるのか、試してみてください。周囲から、

「今日は、なんだかとてもいい雰囲気ですね」

「何かいいことがあったんですか？」

といった言葉が返ってきたら、うまくいったというサインです。

周りがいい反応を示してくれて嬉しかったし、自分も過ごしやすかったと感じるなら、続けていくこともいいでしょう。

自分自身が穏やかに過ごせていると、周囲の怒りに振り回されることも少なくなります。マネジメントする側の人たちは、たくさんの責務を抱えている分、どうしてもイライラしてしまうことが多いと思うので、ぜひ取り入れてみてください。

表情を穏やかにする

イライラしているときは、表情もかたくなり、顔もこわばります。順天堂大学医学部教授の小林弘幸先生によると（『「怒らない体」のつくり方』より）、そんなときは口角を上げて作り笑いをするだけでも副交感神経の働きがアップして自律神経が整い、リラックスするのだそうです。

気分が落ちついたら表情も和やかになると思われがちですが、先に表情を変えるほうが、副交感神経が優位に働き、落ちつきを取り戻せるとのことです。自分をチェックするという意味で、デスクにいるときや、会議で話を聞いているときに、どんな顔をしているのか、一度鏡で見てみるのもおすすめです。

ある50代の管理職の男性は、あるとき、高校生の娘さんに「お父さん、顔が怖いよ」と言われてしまったそうです。そこで鏡でまじまじと自分の顔を見ると、眉間に皺が寄って、口角も下りていて、自分自身でも「不機嫌そうだな……」と感じたとのこと。

自分でも気づいていなかったので、ショックを受けたと言います。

それからは、笑顔の練習を続けて、職場でも意識するように徹底。

そうすると、いままで以上に部下が声をかけてくれて、相談される回数が増え、会話をしているときの部下の表情も柔らかくなったと喜んでいました。

さらに、笑顔で人の話を聞いたり、穏やかな表情でいることを意識したところ、集まる情報と人の数が、驚くほど変わったそうです。

表情ひとつで、相手の反応はこれほどまでに変わるのです。

デスクに鏡を置き、気がついたら自分の顔を見るようにして、自分の表情を定期的に確認してみるといいでしょう。

5 怒りを「リクエスト」に変換する

感情的に愚痴や文句を言うと、相手は引いてしまう

研修に出向くと、管理職の方たちからよく、

「何か不満を持ったときに、文句のように訴えてくる人が多いことに困っているんです」

という相談を受けます。たとえば、

「なんでわたしばかり、こんなに仕事の量が多いんですか？」

「この人はちゃんと仕事をしていないのに、どうして注意をしないんですか？」

「わたしはこれだけ頑張っているのに、なんでもっと評価してくれないんですか！」

など。現場のことをよく知ってほしいときに、

「○○課長は現場のことをわかっていないですよね」

と、責めるような口調で、愚痴や文句を訴えてくる人がいて、手を焼いているという声も頻繁に耳にします。あなたにも、心当たりがありませんか？

こういった場合、一方的に意見を言われてしまうと、話し合いになりません。言われた側も、いくら正論だと思っても、話に耳を傾けたくなくなるということが起こります。文句をぶつけられたと受け取ってしまうからです。

たとえば面談で前述のような言い方をされると、上司は「この人は感情的に意見を言っているな」というニュアンスで受け取ってしまいますし、まず「まあまあ落ちついて」と言いたくなるのです。結果的に、本当に言いたいことは、相手に伝わりません。

リクエストの仕方のポイント

中間管理職の立場の場合、部下の文句に耳を傾けながらも、自身も上司とうまくコミュニケーションをとらなければいけないので大変ですね。

何か問題があってそれを言いたいとき、相手に不満を伝えること自体は、決して悪いことではありません。もし本気で伝えたいときには、

「今後こうしてほしいです」

「現状はこうだから、本来ならこうしてほしいです」

というリクエストにして伝えたほうが、相手が受けとめやすくなります。

たとえば、自分の仕事に対する負担が不公平だと思ったら、まず現状・事実を伝えてから要望を言いましょう。

「わたしはいまこういったことをしています」

「このことでバランスが崩れているように感じているので、一度仕事のバランスを見直していただけませんか？」

部下に対しての不満も、告げ口や文句のように思われないよう、次のように「事実＋要望」で伝えるのもいいでしょう。

「わたしと一緒に仕事をしている後輩が、仕事の段取りが遅く、期限を守らないことがたびたびあります」

「一度注意をしていただけませんでしょうか」

このように、事実とともにリクエストとして伝えたほうが、相手に耳を傾けてもらいやすくなります。

残業でおしゃべりばかりしている部下や後輩への伝え方

部下の女性が残業中に長時間おしゃべりをしているので、次のような注意をしてしまった人がいました。

「〇〇さん。残業をしているなら、無駄口を叩くなよ」
「おしゃべりばかりしているから、残業していても仕事が進まないんだよ。残業している意味がないんじゃないか」

結果、女性部下にムッとされてしまったそうです。これは伝え方の悪い例で、明らかに文句の言葉です。イラッとすると、つい余計なことを口に出してしまう人がいます。

おしゃべりを「無駄口」と表現したり、「おしゃべりばかりしている」と決めつけた言い方をすると、それに相手が反応してしまうこともあります。

このようなときには、言葉を選んでリクエストに変えて、
「残業時間を使っての仕事なんだから、効率よく仕事をしてほしい。必要な会話、確認の会話以外はおしゃべりせずに、集中してくれないかな」
というように伝えられるといいですね。

相談せず自己判断で仕事を進めてしまう部下や後輩への伝え方

部下が自己判断で仕事を進めてしまうときには、どんな言葉をかけるといいでしょうか。

「自分勝手に仕事を進めないで」

「なんで確認してやらないんだ」

「こういうときって確認するのが普通だよね」

と、つい文句のまじった言い方をしてしまいがちです。

これをリクエストにして、

「どうしたらいいかわからなかったら、まずわたしに相談してくれないかな」

「そうでないと、判断を間違えて、あとでやり直しということも考えられるからね」

というように伝えられるといいですね。

このように、リクエストでは「こうしないで、こうしてほしい。なぜなら……（理由）」というように、要望と理由をセットにするといいでしょう。とくに、昨今の若手の人たちは、理由や裏付けがあったほうが、納得して動きやすい傾向があるようです。ぜひ試してみてください。

上司へのリクエストは具体的に

中間管理職の人から上司への要望で多いのは「全体を見てほしい」という声です。とくに、

「ちゃんと全体を見てくださいよ」
「もっとちゃんと関与してください」
「少しは手伝ってくださいよ」

という意見がよく出てきます。実際に、直属の上司に、

「仕事の分担が公平になるように、ちゃんとマネジメントしてくださいよ。そうじゃないから一部の人に負担がかかっているんですよね」

と言ってしまった人もいます。このような言い方をすると、相手はただただ責められたと感じてしまいます。

たとえば「少しは手伝ってください」と発言した人のケースでは、他部署とのやりとりをするために、部長以上の役職者が交渉に関与したほうが話が通りやすいと伝えたかったそうです。でも、見ていればわかるだろうと思って、そこまでは言わなかった、と言うのです。

これをリクエストの伝え方にすると、「少しは手伝ってください」という言葉は、「わたしたちは、現在このようなことをまとめています。今後のやりとりをスムーズにするためにも、他部署との交渉は部長からしていただけませんか」

という伝え方に変わります。リクエストは、具体的に言わなければ通用しません。どうしてほしいのかまで言えば、相手も「それなら協力するよ」と応えやすくなります。

「仕事の分担を公平になるように、ちゃんとマネジメントしてくださいよ。そうじゃないから一部の人に負担がかかっているんですよね」

と言ってしまったケースの場合はどうでしょうか。

「一部の人に負担がかかってしまっているように見えるので、一度全体を見直す機会を設けていただけませんか？」

と伝えれば、言われた側も話に乗りやすくなります。

ポイントは「負担がかかってしまっている」と決めつけないような言い方で伝えることです。この人は「ちゃんとマネジメントしてください」「ちゃんと見ていますか？」と、上司を責める言い方をしてしまっていたので、本来のリクエストが通じませんでした。

不満が重なると、人は意外とこのような言い方をしてしまいがちです。

しかし、責めて文句をつけるような言い方をすると、相手も素直に耳を傾けられなくなってしまいます。仮に「言っている内容は、正論だな」と受け取ってもらえても、意見自体は通りづらくなってしまうものです。

一方、リクエストの言い方で意見を伝えられるようになると、相手に要望が伝わりやすくなり、揉めることなく進められるようになります。

相手側も意見が言いやすくなるので、解決に向けた話し合いがスムーズになり、より深い話し合いができるようになるでしょう。

部下がパワハラを逆手にとってくるときには

最近ある研修先で聞いた話ですが、

「僕はいままで親にほめられて育てられてきました。親にも叱られたことがなくて、強く叱られるとモチベーションが下がるので、ほめて育ててください」

と言ってきた新入社員がいたそうです。そのうえ、彼がミスを繰り返したとき、

「こんなミスを繰り返したら困るよ」

と言っただけで、

「そんなことを言うなんて、パワハラですよ」

と返してきたそうです。

パワハラという言葉自体はよく聞きますが、案外、どこからどこまでがパワハラなのか、知識のないまま用語を使っている人も多いのではないでしょうか。

最近パワハラを防止する試みへの弊害が生まれています。あまりにも多くの組織で「パワハラはダメだ」と言っているので、下の人たちのなかにはそれを逆手にとり、注意されたり、残業や、やりたくないことを依頼されたときに「それってパワハラです」と言い出す人がいるというのです。

ある企業では、こういったケースもありました。送別会や半期ごとの飲み会に出ないかと部下を誘ったところ、用事があると断られた。上司が、

「でも半期に一度集まる会だから出てほしい」

と説明すると、

「強制するのはパワハラです」

と切り返してきました。このように、パワハラという言葉を盾にする人がいます。

パワハラと言われると、上司もビクッとしてしまって、それ以上何も発言できなくなるということがよくあります。

こういったタイプの人に遭遇したときには、

「そういうことはパワハラにはならないよ。これは強制しているのではなくて、こういうふうにお願いしたいと言っている段階だからね」

「こういった理由があるから、こうしてくれないかとお願いをしているだけなので、そういうふうに捉えてほしくないんだよね」

と冷静に伝えましょう。

なんと言っても、相手の怒りに巻き込まれて、こっちが感情的になってはいけません。

「何を言ってるんだ！　こんなのがパワハラなわけがないじゃないか！」

と言ってしまった時点でアウトです。

全国各地で研修していると、日々聞いて驚くような相談を耳にします。

多様性の時代と言われるだけあり、本当にいろいろなタイプの人がいて戸惑うこともあるかと思います。ただ、そんなときも周りに振り回されず、穏やかに、上手な伝え方を身につけたいものですね。

ポイント

☑相手に怒りをぶつけられたときには
- 相手の怒りをコントロールしようとしない
- 売り言葉に買い言葉にならないようにする
- 相手の「べき」を否定しない

☑クレーム対応をするときは
- 相手の第一次感情に共感する
- お客様の怒りに過剰反応しない
- お客様と組織の橋渡し役という意識を持つ

☑「スルー力」とは
- 相手の怒りをまともに受けとめずに聞き流す力
- 思い込みの激しい人、いつも怒っている人のことは放っておくこと

☑スルー力を身につけると……
- イライラする機会が減る
- 相手とのコミュニケーションもスムーズにできる
- 長期的に心身ともに健康でいられる

☑相手に不満を感じたら
- リクエストとして伝えると、相手も受けとめやすい
- 事実を伝えてから要望を言う
- 「要望＋理由」をセットで伝える

☑パワハラを逆手にとる部下に対しては
- 相手の感情に巻き込まれて、感情的に言い返さないようにする
- これはパワハラではないということを、穏やかに冷静に伝える

第6章

指導の仕方、叱り方

1 叱ることは悪いことではない

第1章でも触れましたが、パワハラという言葉がかなり取り上げられるようになってから、叱ること自体がよくないという認識を持っている人も出てきました。叱ることが怖くなってしまっている人もいます。

しかし、叱ることが悪いのではありません。叱り方が重要なのです。

わたしが実施する研修では、よく叱ることによるメリット・デメリット、叱らないことによるメリット・デメリットについてディスカッションをしていただきます。

叱るメリットとして多く挙げられるのは、①相手が成長してくれる、②行動を改善してくれる、③自分の本気度が伝わるということです。

一方、叱ることのデメリットには、①人間関係が悪化する、②相手が萎縮する、③パワハラだと訴えられる、ということなどが挙げられます。

叱らないことで、相手がのびのびできたり、優しい人だと思ってもらいやすくなりますが、改善すべきことが改善されないかぎり、相手から軽くみられてストレスが溜まるといった弊害も生まれます。

ディスカッションの結果を見ると、叱ることによるメリットも、叱らないことによるデメリットもある。つまり、大切なのは叱り方や関わり方だということがわかってくるはずです。

叱る際に大切なのは、叱ったことによってデメリットに挙げたような事態にはならず、メリットに挙げたような効果が得られることです。

本章では、叱り方や関わり方のポイントに触れ、適切な叱り方や指導の方法についてお伝えしていきます。

2　何のために叱るのか

相手に伝わるように表現する

そもそも、わたしたちは何のために叱るのでしょうか。

わたしが研修でよくお伝えしていることは、相手の成長を願って意識と行動を改善してもらうため、そして挽回のチャンスを与えるためです。決して相手を叩きのめして再起不能にすることや、自分の正しさを押しつけたり、自分のストレス発散のために叱るのではありません。

相手に改善を促すのであれば、「次からこうしてほしい」というリクエストが明確であることが重要です。でも、実際には「次からこうすればいいのか」と相手が理解できる言葉を使っている人は少ないように感じます。何のために叱るのかわかっていないと、注意を受けた側は「この人、なんだか怒っている……」というくらいにしか、受け取りません。

アンガーマネジメントの観点で言うと、自分や所属している組織、チームの「こうあるべき」というコアビリーフが守られないときに、叱るという判断をします。

「怒る」ことと「叱る」ことはまったく違うという分け方をしている団体もありますが、日本アンガーマネジメント協会では、「怒る」と「叱る」を明確に分けていません。

わたしは、「怒りを表現する」というなかに、叱るという行為があると考えています。

ただ、「わたしはこのことで怒っている」という感情表現だけで終えるのではなく、「次からはこう改善してほしい」というところまで相手に伝えていく必要があります。

相手の背景を知る

これは研修に参加した、40代管理職の女性Aさんの事例です。

Aさんのところに配属された新入社員の女性に、

「わたしは1時間外出するから、内線電話を持っていてね」

と携帯の内線電話を預けたそうです。1時間後に戻ってきて、

「わたし宛の電話がなかった？」

と聞くと、新入社員の子は、

「鳴っていました。鳴っていたけれど、出ていません」

と答えたと言うのです。Aさんはその瞬間に頭にきて、

「普通、電話が鳴っていたら出るでしょう？　なんで出なかったの⁉」

と怒鳴ってしまったと言います。

「普通なら代わりに出て伝言を聞いて、戻ってきたときに伝えるのが当たり前でしょう⁉」

言われた新入社員の女性は呆然としていて、

「でも、持っていてと言われたので……」

と言うだけなので、さらに頭にきて「ありえない」と怒ってしまったそうです。

Aさんは、最近の20代の人たちは、固定電話が自宅にないことも多く、ほかの人の電話に出たり取り次いだ経験がないという背景も理解しつつ、

「今後、ほかの人の内線電話を預かった場合にはこうしてね」

と指導すればよかったと振り返っていました。

理解しないまま「こんな当たり前のことができないのか」と叩きのめしてしまうことは、よく起きていることなのです。このような世代間ギャップのようなことは、会社では珍しくない話でしょう。

第3章で紹介した、外資系企業・内資系企業の「根回しするかしないか」という例もそうですが、

「このコアビリーフ『べき』も絶対ではないな」

「自分は長年当たり前のことだと思ってきたけれど、そうではないと思う人もいるので

は？」

と振り返って判断していくことが必要です。

ただ、ここで誤解しないでいただきたいのは、自分のコアビリーフをなくしてすべてを変える必要はないということです。コアビリーフは、自分がいままで生きてきたなかで培ってきた価値観であり、大切なものです。ですから、「変えよう」「なくそう」ということではないのです。

自分にとっては大切で、真実のようなものでも、かならずしもそれが当たり前ではありません。自分にも長年大切にしてきたものがあるように、相手にも、自身のコアビリーフを大切にしてきたという背景があります。だからこそ、自分とは違うコアビリーフにも耳を傾けるゆとりを持ち、話し合おうということです。

自分のこだわりを臨機応変に緩めていかなければ、自分自身も、関わる人も苦しくなってしまうからです。自分も、相手も心がラクになるような、自分の考えに固執しないコミュニケーション力を身につけたいですね。

3 叱る前に知っておきたいこと

感情は自分で選べる

「怒りが自然な感情なら、感情的になるのはしょうがないじゃないか」と言ってきた人がいます。たしかに、怒りは人間にとって自然な感情です。なくすこともできません。ただし、どう扱うか、どう表現するかを自分で調整することはできるものです。

たとえば、ミスをした部下に対して、つい感情的になってしまいそうな瞬間に、携帯電話が鳴ったとします。着信の表示を見ると、大切な取引先の担当者からの電話です。

その瞬間、「いつもお世話になっております」とご機嫌な声で電話に出ていることはありませんか？

こういったとき、わたしたちは、感情をコントロールして、声色、話し方、表情、態度を変えているのです。

怒ればなんとかなるという妄想を捨てる

「厳しく怒れば部下は言うことをきくから、ガツンと怒ることも大事だ！」
「パワハラなんて気にせず、『わたしの言う通りにやれと言ってるだろ！』と言えばいいんだ」

という管理職の方々の意見を聞くことがあります。

たしかに上司からそんなふうに言われたら、何も言えずに従う部下はいるでしょう。問題が起こった瞬間は恐怖で動機づけることができますが、長期的に見たらどうでしょう。

上司の顔色を見て、怖いからとりあえず言うことをきくけれど、長期的な目線で見たら信頼関係を築くことにはつながらない関わり方です。

さらに、萎縮していつも上司の顔色を見るばかりの部下、この上司はすぐに怒るし面倒くさいからとりあえず言うことを聞いておこうと思う部下にしてしまう可能性があります。

4 悪い叱り方、よい叱り方

相手が理解できる伝え方をする

叱り方には「どう言えばいいのだろう」という問題が、ずっとついてまわります。実際、最近はパワハラにならないように、どう関わったらいいのかという相談が、わたしのもとにもとても増えています。

叱るときに伝えなければいけないことは、「何について話しているのか」と、「どのようにしてほしいのか」という具体的な内容を盛り込むことです。また、相手が「次からこうすればいいんだ」と理解でき、自発的な行動に移せるよう、相手が理解できる言葉を選んで伝えること、そして相手を責めないことが肝要です。

よい叱り方の例

〔どうすればいいのかを具体的に伝える〕

「ちゃんと」「しっかり」「早めに」といった抽象的な表現で伝えてしまうと、自分がイメージしている行動と、相手が理解した行動がずれてしまう可能性があります。

その結果、相手に望む行動をしてもらえずに、ますますイライラすることもあるでしょう。具体的に伝えるには、

「○○さんも経験を積んでいるのだから、こちらに相談に来るときには、『わからないから教えてほしい』と言うだけではなく、『自分はこう考えているけど、これでいいのか』と確認するようにしてほしいんだ。せめて、『ここまでは考えてみた』という○○さんの考えを含めたうえで相談してくれるかな」

このように、第4章でお伝えした「べき」の境界線（図表4－5）を理解してもらえるように伝えるといいですね。

〔なぜやるのかを説明する〕

前にも触れましたが、比較的若い世代は、「なぜ？」という理由に納得できないと行動に移しにくいという傾向があるようです。そのため、叱る側にとっては当たり前のことでも、「何のために」「どうしてやらなければいけないのか」を相手に伝える必要があります。若い人に限らず、人は納得できたことについては、自発的な行動に結びつけやすくなります。

たとえば提出書類の期限を守らない人には、

「提出期限を守ってね。もし遅れそうなら前日までに報告してほしい。遅れただけで、取りまとめる部署の人たちの仕事も遅らせてしまうよ」

トラブルの報告が遅いときには、

「何かトラブルが発生したときには、10分以内に関係者かわたしに決められた手段で報告をしてください。そうしないとトラブルへの対処が遅れて復旧するまでに時間がかかってしまい、お客様にご迷惑をおかけしてしまうから」

というように、「なぜそうしてほしいのか」というところまでをセットにして伝えたほうが、注意を受けた側も行動の意味を理解し、動きやすくなるはずです。

「なぜそうしなければならないのか」

「何のためにここを改善してほしいのか」

と問われたときに、「当たり前だから」「常識だから」という返答で、通用しなくなってきました。

昨今、20代半ばまでの世代には、上司や先輩に注意をされたり、叱られたりするときに、

「こんなの常識でしょ」

と言われるとやる気を削がれるという人が増えています。上司から「常識でしょ」と言われても、押しつけられたように感じてしまうのです。また、

「期限を守るなんて社会人として当たり前だろう」

と言われると、「社会人として失格だ」と言われたような気がするという意見もありました。

「ミスを繰り返さないでくれよ。俺の出世に関わるだろ」

「ルールを守ってよ。上がうるさいからね」

といった、叱る側の自己保身の言葉を理由として言ってしまう人もいます。言われた側は

不信感を抱きますし「この人の保身のために、こんなふうに言われているんだ」としか思えません。こういった言葉は著しく信頼を損なってしまうので厳禁です。

〔相手を信じて向き合う〕

叱るときの言葉選びはもちろんですが、相手を信じる気持ちも重要です。「わかってくれる」「改善してくれる」と相手を信じて向き合っていると、より本気度が伝わります。心の中で「どうせこの人は何を言っても改善しないだろう」というような相手を信じない気持ちは、語調や態度で伝わってしまうことがあるのです。

悪い叱り方の例

〔自分の機嫌のよし悪しで叱るときの基準がブレる〕

第4章でも解説しましたが、自分の機嫌がいいときには見過ごして、機嫌が悪いときには叱ったりしていると、相手には「今日はこの人の機嫌が悪い」ということしか伝わらなくなります。基準がブレてはいけません。

〔人格攻撃をする〕

相手に言っていいことは、その人のしてしまったことや事実に対してだけです。

たとえば、今月に入って遅刻を3回しているという行為や、トラブルがあったのに報告をしなかったということなど、してしまった行為やできなかったことは叱る対象になります。

ところが、そこから発展させて、

「バカじゃないのか」

「遅刻ばかりでだらしのない奴だ」

「こんなこともできないなんて、この仕事が向いていない」

「給料泥棒！」

と人格を否定したり、罵ったりする発言にまで及ぶのは、人格攻撃になってしまいます。

罪を憎んで人を憎まず、という言葉があるように、その人がした行為や事実のみに焦点をあてて叱りましょう。

〔人前で叱る〕

見せしめのため、吊るし上げのために人前で叱ることは避けましょう。

たとえば会議やミーティング時、周りに人がいるなか、

「みんな聞いてくれよ。こいつがさぁ、またこんなことをしでかしたんだよ！」

と吊るし上げるようなことをすると、相手は自尊心を激しく傷つけられますし、反発心を抱かれる原因にもなってしまいます。

昨今問題になっているのが、LINEグループなどの複数名で共有するメールグループ内で叱ることです。こういった、皆が閲覧できるところで叱責することも、気をつけたほうがいいでしょう。これはパワハラに引っかかることがあります。

された側は「みんなの前で恥をかかされた」と感じ、なかには「公開処刑された」という言葉を使う人もいます。恥ずかしい思いをして自尊心を傷つけられたことで、「次からこうしよう」という思いを挫かれる人もいます。

周りの人も「皆の前で言うことじゃないよね」と、その行為をしたリーダーや上司に対して不信感を抱いたり、「次は自分もこんなふうにやられてしまうのかな」と萎縮してしまう

人も出てきてしまうでしょう。

〔感情をぶつける〕

「なんで君はわたしを困らせるんだよ！」

「なんで心配ばかりかけるんだ！」

などと自分の感情をぶつけるのはよくありません。自分の感情をぶつけても、結果的に望ましい行動につながりませんし、「この人、いま感情的になっているな」「怖いな……」としか伝わらないでしょう。

〔思い込みや決めつけで叱る〕

「どうせ甘く見ていたんでしょ！」

「自分で責任を持ってやろうと思っていなかったはずだ！」

「もともとやる気なんてなかったよね！」

と、事実ではない思い込みで相手を責めたり、

「いつも報告を忘れるよね」

「かならず言い訳をする」

「絶対に忘れるよね」

と決めつけたりするのは厳禁です。言われた相手は、

「決めつけないでほしい！」

「いつもじゃないのにわかっていない！」

とただただ不信感を抱いてしまいます。

〔過去を引っ張り出す〕

「今回だけじゃなくて、前にもこんなことがあったよね？　そういえばあのときも……」

と話が過去にどんどんさかのぼる人がいます。

「今期に入ってから同じミスが2回続いているし、今後は繰り返してほしくないから言っているんだ」

というように、過去の「事実」を確認するのであればいいのですが、過去の話をほじくり

返して、いかに前からダメだったかを突き詰めるのは逆効果。相手はうんざりしてしまいます。「今後はこうしてほしい」という未来に向けた話をしましょう。

〔叱りながら論点がブレる〕

あることで叱っていたのに、言いながらどんどん論点がブレていくのも避けたいところです。

たとえば、

「期限は守ってほしいんだよね。あ、デスクの上も散らかってるよね？　整理整頓もできていないよね。そもそも出勤時間だってギリギリだし、そのうえ……」

というように、次から次へと論点がブレた言い方をすることはありませんか？

あれもこれも言われてしまうと、肝心なことが伝わらないうえに、相手は辟易してしまいます。

「なぜ？」という言葉の使い方

叱るときに「なぜ？」という言葉を使う人が多くいます。

研修でも、「つい『なぜ』という言葉を使ってしまうけれど、ダメなのでしょうか？」という質問をたびたび受けます。

「なぜ、この人は同じミスを繰り返すのだろう？」

「なぜ、こんなことをしたのだろう？」

と相手を問い詰めたくなってしまうことはあるでしょう。

どうしてこういうことになったのか、相手に考えさせるような質問としての「なぜ？」であれば、有効です。たとえば、

「期限を守れないことが今期に入って3回続いていたけど、事情があれば教えてくれないかな？　なぜ？」

「なぜ、こんなことになったんだと思う？」

といった問いかけなら、相手から発展的な答えを引き出すことができます。

ところが、相手を責めて厳しく問いただすように、

「なぜ、期日を守らない？」

「なぜ、何度も繰り返す？」

「なぜ、言ったことがわからない？」

と詰問してしまうと、相手はどうなるでしょう。

思考停止になったり、この場を逃れるための言い訳や「すみません」を繰り返したり、反発心を抱く人も出てきてしまうでしょう。

怒るとき、叱るときには、相手を責める「なぜ？」になってしまっていないか、気をつけるようにしましょう。

5 叱るときには互いの信頼関係が大切

部下が信頼する上司なら、どんな言葉も心に響く

上司と部下との間や、チーム内で信頼関係が築けている場合には、先に挙げた悪い叱り方のような言い方でも、受け取る相手が人格否定とは受け取らないこともあります。ですから、形式だけを守ってもあまり意味はありません。深いところで、信頼関係が築けているかどうかが一番重要なのです。

たとえば、飲食店にたまにいるような、頑固一徹の店主の話があります。仕事中は

「バカヤロウ！　何をやってるんだ！」

「こんなこともまだできないのか！」

と、叱責することが非常に多いのですが、帰り際にはかならず「気をつけて帰れよ」と言って見えなくなるまで手を振って見送ってくれるのだそうです。店主が本当はとても温かい人だとわかっているので、叱責が多くてもスタッフは辞めません。

もしも働いている最中にパワハラの審査をされたら、引っかかってしまうような叱り方をしています。でも実際は、その職場でみんなのびのびと働いているのです。それは、店主が愛情を持って言ってくれていること、自分たちのことをとてもかわいがってくれているということを本人たちがわかっているからでしょう。これくらい相手との信頼関係ができていれば、たとえ人前で叱っても問題がないこともあるのです。

人前で叱ってもいいとき

新入社員の面倒をみている担当者と、新入社員との間でも同じようなことがあります。新入社員のなかで気持ちが緩んでいたり、遅刻をしたり、提出物の期限を守らないといった人がいたときに、本人だけの問題ではなく、全員が気をつけなければいけないと知らせるため、あえて皆の前で叱ることもあります。そうすると、

「この人だけではなく、ここにいる皆に言っているんだ」

ということが伝わりますし、言われた新入社員との間に信頼関係ができていれば、

「そうだな、ちょっと気持ちが緩んでいたな」

と本人だけではなく、そこにいた皆が反省して、望ましい行動をしようという意識につながることがよくあるのです。

このように人前で叱る場合に、心がけたほうがいいポイントは、叱る前に、これは叱られているひとりの問題ではなく、メンバー全員に関わる問題であり、皆に向けて言っていることだと明言することです。叱るときもひとりに目線を向けるのではなく、その場にいる全員へ目線を向けるようにしてください。

「○○さんだけの問題じゃなくて、全員に起こりうることだよ。皆で今後このようなことがないように気をつけてほしい。だからあえてここで言っているんだよ。ひとりの問題じゃない」

と伝えてから話をしていきましょう。

信頼関係という土台の上に叱り方がある

このように、上司が日頃から面倒をみてくれていたり、相談に乗ってくれたりしていて、互いに信頼し合える間柄なら、「この人を怒らせてしまった」「この人がここまで本気で怒っている」ということがわかった瞬間に、多くを語らなくても部下の気が引き締まることがあるのです。

しかしこれは、それまでの間の信頼関係があり、叱られた人が叱った人に対する尊敬の念を抱いているからです。

「自分のためにこの人は本気でここまで言ってくれたんだ」

と受け取れるのです。

反対に言えば、文言を整えても、いままでの関係がいい関係でないとまったく相手の心に響かず、むしろ「この人にだけは言われたくない」と思われて終わってしまいます。

叱ることや耳の痛いフィードバックは、「何」を言うのかも大切ですが、「誰」に言われるのかもとても重要なのです。

たとえば、パワハラにならないように言葉は気にしているけれども、じつは全然部下と関わろうとしていない、部下への関心がない、自分の保身しか考えていないという場合、部下たちはその様子をよく見ています。

時には、上司に「わたしはちゃんと叱っている」という姿を見せるため、パフォーマンスとして叱る中間管理職もいます。そのような状況では、いくら言葉選びは問題なくても部下は不信感を抱くだけでしょう。

信頼関係という土台の上に、叱り方があるのです。

日頃の叱り方を意識してみる

研修では、参加者の皆さんに、いつも自分が部下を叱るときにどのような言葉を選んでいるかを書き出していただいています。

なかには、言葉を書けない人がいます。叱ったことはあるけれども、なんと言ったのか覚えていないということは「この言葉で伝えよう」と日頃あまり意識していないからです。

書き出せている場合でも、「おまえなぁ」「ふざけんな」「バカヤロウ」という言葉しか書いていない人もいます。書いてから「これしか言っていなかったのか」「日頃こんな言葉を使っていたのか」と気づく人も多いのです。ある地方で研修を行ったときは「しばくぞコラ！」と書いていた人もいました……。

叱るということは「次からこうしてほしい」という、行動や意識を変えてもらうために大切なことです。でも、それを伝えるときの言葉の選び方については、あまり意識されていません。

リーダーが、部下を1対1の面談で叱らなければならないとき、相手に伝わるような言葉選びをするために、事前にメモに書いて整理し、面談中に話が逸れないように書いたメモを手元に置いて面談に臨む人もいます。

そうすることで伝えたいことがシンプルに言えて、論点もブレないのだそうです。

叱ることに課題を感じている人には、おすすめの方法です。

6 叱る目的を間違えてはいけない

あるＩＴ企業の管理職研修でのことです。対象者の9割が40～50代の男性です。そのなかのひとりの男性が「うちの新入社員には常識がない」と怒っていました。

どんな常識がないのかと聞いたところ、

「日経新聞を読んでいないから常識がない」

と言うのです。

その男性の部署は営業部で、新入社員から取引先の担当者とうまく会話ができないと相談を受けていました。そこで、

「日経新聞を読んで、相手先の業界に合うものを話題として控えて、会話をしたらいい」

とアドバイスをしたそうです。しかしその新入社員がぽかんとしていたので、最近の若い子は新聞をとらないのだと思い、Ｗｅｂでも読めると勧めました。それでも反応がないので

「どうした？」と尋ねると「日経新聞ってなんですか？」と言われたのだそうです。

その新人社員は日経新聞の存在自体を知らなかったのです。それが、その上司の人からするとありえないことで、

「普通、社会人になる前から日経新聞くらい読むよね」

と怒りがとまらなくなってしまったそうです。

そこからヒートアップして、

「お前は社会人になる前から、なんで日経新聞を読まないんだ。ありえないだろ。就職活動でも読むだろう。しかも日経新聞を知らないってなんなんだよ」

と、懇々と説教をしてしまいました。

そのうえ人事にも、

「こんな常識のない新入社員を営業部署に配属させるな」

「採用面接のときに、新聞を読んでいるか確認しろ」

と文句を言ってしまったそうです。しかもその男性は、わたしに「こう言って怒ってやったんですよ」と自慢げにおっしゃっていました。

このケースでは、まず、

「あなたが目指したいことは、もともと何だったのですか？」

と確認しました。もちろん、新入社員を説教してやり込めて、人事に怒鳴りこむことではありません。もともとは新入社員が取引先に行って、うまく会話ができるようになることでした。これが本来の目指したいことならば、彼の行動は間違っています。

対策としては、日経新聞を読むために、どうアプリを登録するのか、日経新聞のどこを読めばいいのかを教えて、その話題をどうやって先方とするのかという指導を始めなければいけませんでした。

このように自分の当たり前だと思うことができていない相手に、本来の目的を見失った行動をしてしまう人は意外に多いものです。気をつけたいですね。

7 叱るときのクセを見直してみる

まずは無意識のクセに気づく

研修では、部下を叱るシーンのロールプレイング実習をすることがあります。

その際、無意識に腕を組んでしまう人がいます。腕を組まれると、部下は、威圧感を与えられて、恐怖を感じてしまうので、やめたほうがいいですね。また、眉間に縦に皺が寄ってしまう人もいます。

最悪だったのは、ドンドンと机を叩いて威圧してしまうクセのある人です。これも無意識に出てしまうものでした。

このようなことを、研修では第三者に指摘してもらって、相手を怖がらせたり、萎縮させたりしてしまうような無意識の行動に、自ら気づけるようにします。

無意識にしていることなので、最初は自分で自覚できないことも多いのです。

研修でロールプレイングをしているときに、

「『なんでこうなのかな!?』と言うと問い詰められているように感じますよ」

「『いつも』って、いつもじゃないですよね」

とフィードバックをお伝えしても、

「え、『なんで』って言っていましたか？」

「あれ？　いま『いつも』って言ってしまいましたか？」

と返ってきます。無意識の行動とは、これくらい根深いものなのです。

ただ、一度自覚できると変化が早くなります。自分のパターンに気づいたら、意識して変えていきましょう。ただし、長年のクセを急に変えることは、エネルギーをかなり消耗するので、些細なことから始めてください。ひとつずつ変えていけばいいのです。意識して取り組む目安として、人間は新しい習慣が身につくのに3週間（21日）ほど要すると言われています。そのくらい繰り返して「あ、変われたな」と意識できる程度でかまいません。

叱るときの心の姿勢を見直す

現在はテクニックより心の姿勢が問われる時代でもあります。

叱り方のテクニックを身につけても、最後は相手と向き合うときの心の姿勢が大きく影響します。ですから、ただ自分の正義を押しつけるのではなく、

「こうやってほしいから言っているんだよ」

「こういうことをわかってほしいんだよ」

という思いで向き合うことが不可欠です。

せっかく文言を整えても、自分の正義を押しつけているようにとらえられてしまっては意味がありませんね。そのことを伝えるときに、どんな気持ちで相手と向き合っているのか、その人の心の姿勢は、確実に相手に伝わっています。

「なんとか相手をねじ伏せよう」「コントロールしよう」「自分が正しいと決まっている」と思っていたら、文言を変えても相手には響かないのです。

正論で相手を追い詰めない

最近は、感情的に怒鳴り倒すような「何をやっているんだ！」というわかりやすいパワハラではなく、正論で詰めていくというパターンも多くみられます。

期限を守らないケースでいうと、たとえば、

「○○さんはいつも期限を守れていないんだよね。これは前もだったよね。『すみません』って前も言っていたけど、繰り返しているよね。そもそもこういうことは社会人として基本じゃないの？　言っている意味がわかる？」

と激しい感情はぶつけずに、どんどん詰めていくような言い方です。

さらに重大なケースは、

「○○さん、こんなことをしでかしておいて自覚がないよね。仕事に対する姿勢に問題があるんじゃない？　そもそもなんでこの仕事を選んだの？　この仕事をする資格がないんじゃない？」

と逃げ道をふさぐような言い方をすることです。

正論で詰められてしまった相手は、思考停止になったり、この場を逃れるために言い訳を言い続けたり、気持ちのこもっていない「すみません」を繰り返したり、心のなかで反発心を抱いたりします。

正論で相手を論破し、相手が悪いということを証明することは、本来のゴールではないは

ずです。

8 困った部下への叱り方のポイント

「パワハラ！」とすぐに過剰反応する部下

176ページでも触れましたが、管理職の方々から、耳の痛いことを言われたり、自分のやりたくないことをやれと言われたら「それってパワハラでは？」と言ってくる部下がいてとてもやりにくいという相談をよく受けます。

なかには、自分がやりたくないことを回避するための手段としてパワハラを持ち出してくる人もいるようです。

そのような部下や後輩に対しては、パワハラという言葉の意味を理解してもらいたいということや、チームの一員として目指すことは何なのか、を伝えることを勧めています。

以前、ある30代のリーダーから、

「入社2年目の部下に、お客様から依頼された急な案件のための残業を依頼しただけで、

『それって、パワハラですよね？』と言ってくるので、何も言えなくなってしまいました。そのあと、フツフツと怒りがわいてきましたが、その部下に何も言えない自分にも苛立ってきたんです」

という相談を受けたことがありました。

もしもやらなければいけない残業があるときには、たとえば、

「わたしたちがチームとしてお客様に関わるものであれば、仕上げなくてはいけないよね。そうすると、わたしたちが目指すところは、ここでパワハラかどうかを言い合うことではなくて、お客様に約束した期限に納品をすること。それがゴールだとするならば、そこを目指して多少なりとも譲ったり譲られたりしながら仕上げていくということを理解してほしいんだよね」

というように伝えてはどうか、とお話ししたことがあります。

過剰反応してパワハラという言葉を安易に使う部下の言葉に、こちらも過剰反応しないように対応しましょう。

指導に困るくらいミスを繰り返す部下の場合

先日も、あるマネージャー職の方から、

「同じ失敗を何度も何度も繰り返す人がいて、もうどう指導していいのかわからない」

という相談がありました。

マネージャー本人は、その若手に与える仕事を制限したいと考えています。その人の能力ではこれ以上のお願いは無理なのだと判断して、できそうな範囲で仕事を与えたいそうです。ところが、自分の上司から、

「部下をなんとか育成するのが役割だろう」

と言われてしまい、間に挟まれて困っているというご相談でした。

わたしから見ると、その部下にこれ以上のお願いをしたら、上司がすべて尻拭いをして、ストレスを溜めることになります。周りにも迷惑がかかっている分、そのフォローも大変なものです。ですから、上司に直談判をするしか選択肢はないという話をしました。

彼は以前、

「君がマネージャーだったら、君が一人前に育てろよ」

と上司に言われていたので、その意見を譲らないに違いないと思い込んでいる状態でした。ですから、自分もチームも疲弊してしまって、本人もつぶれてしまうという切実な状況を、もう一度上層部に伝えるようにアドバイスをしました。

ミスを繰り返す人がたったひとりいるだけでも、ほかのメンバーに影響を与えてしまいます。迷惑を被ったほかのメンバーからの「なんなんですかあの人⁉」という不満も受けとめなければなりません。ですから、こういったケースは、じつは深刻です。部下へのパワハラばかりがフォーカスされていますが、マネジメントする側へのケアもこれからは必要になってくるでしょう。

ミスを繰り返す人の場合、チーム内だけで解決できないことが多いのです。精神的な疾患や発達障害、そのボーダーラインにいるような人もいるので、上層部にも、そのような状況があるということを認知してもらい、巻き込んでいかなければとても解決には至らないでしょう。

マネジメントの問題を考えるときには、上司に一方的に非があると思わず、部下にも問題行動がないかを見極めたうえで、どう解決していくかを考えなければいけません。

ひとりで抱え込まず、周囲の人に助けてもらったり、一緒に考えていけるといいですね。

何度注意しても一向に改善がみられない場合の対処法

伝える側も人間なので、常に穏やかでいることは難しいと思います。何度も伝えていると説教くさくなってしまうこともあるでしょう。平常心で何度も同じことを繰り返し伝えることは、ロボットではないのでできないものです。

注意しても、一向に改善がみられない場合には、違うアプローチを考える必要がありますね。

ただこれは、アンガーマネジメント上ですべて解決できることではありません。叱るという分野は、悩んでいる人が多いので、形式だけでは綺麗事に見えてしまうでしょう。

内容にもよりますが、何をしても変わらず「これ以上はこの人には任せられない」「組織として損失が大きい」と判断した場合は、仕事上の役割を変えてみることや、相手をいまの役割から外す提案をすることも検討したほうがいいでしょう。

自分が言っても効果がないのなら、別の人から伝えてもらうのも有効な方法です。

自身が課長なら、部長へ相談するなどして、一ランク職位が上の立場の人にお願いするのがいいでしょう。そもそも人間関係では「この人が言っているから聞かない」という場合も十分ありえます。言われ慣れてしまって「どうせ許されるだろう」という甘えから、直らないこともあるのです。ですから、その関係を一度切って、ほかの人からアプローチするという選択も試してみるのもひとつの手です。

そのほかに、面談というアプローチもあります。

「かなり大切なことなので、直していかなければ、今後あなたにどう仕事を任せたらいいのかという話にも及んでくる。あなたなりの考えも教えてくれないか」

と伝え、改めて時間をとる必要があるでしょう。相手に「自分が思っているより深刻なんだ」と思わせるためにも面談という機会を設けるのです。

「1時間でも30分でも時間をくれないか。改めて大事な話をしたいんだ」

と面談をすることで、「これは大変なことなんだ」と相手に思わせることができます。

マネジメント側で、真面目なタイプの人は、こういった部下とのやりとりで鬱《うつ》になり、つぶれてしまう人もいます。一方で「自分の言動の何がパワハラなんだ！」と開き直っている人もいます。

現在管理職に就いている人の多くは、自分が若い頃に上司から散々怒鳴られてきたのに、自分が上司になったら「そのままではいけない」と言われていることが多いのではないでしょうか。

そこで「じゃあどうしたらいいのか……」と戸惑いを感じている人もいれば、「わたしはいままでこのやり方でやってきてこの地位までになった。ということは、いまの若い人が甘いんだ」と認識する人もいます。

企業としては、コンプライアンス上パワハラする人間を野放しにするわけにはいきません。わたしは、パワハラを起こしてしまった人に向けてもたびたび研修を実施していますが、こういったトラブルを起こした人たちも、取り組み次第で変わっていくのを感じています。

適切な対処をしていくことが、いかに大切かということですね。

どうしても気になることは伝えてもいい

ある30代前半の女性の話です。

「後輩の新入社員（女性）が、自分で調べる前にわたしにすべて質問してくるんです。まずはマニュアルを確認すればわかるので、それを確認してから聞いてほしいのに。ただ、こんな些細なことをいちいち注意するのも気がひけるし、細かいと思われるかな、と思って。でも……。質問が続くとイラッとしながらも答えている自分がいることに気づいたんです」

と言うのです。

「ま、いいかな」

と思えるのであればいいのですが、それが積み重なることで、

「なんでわからないのかな！　普通はこうするよね！」

と相手を責めるような気持ちが大きくなり、しまいには、その相手自体が嫌になるという事態にまでになるのであれば、「こんな些細なこと……」と扱わないほうがいいでしょう。

世間から見れば些細なことでも、自分にとって大事なことは伝えたほうがいいことなのです。このケースなら、

「まずはマニュアルを見て、わからないことがあったら質問してくださいね。自分で調べたほうが身につきやすいのでマニュアルを活用してね」

と伝えたり、マニュアルの見方を教えるのもいいでしょう。

世間がどう見るかではなく、自分はどう思うのか、そこに正直に目を向けることも大事です。第4章でお伝えしたように、自分のなかで「叱る・叱らない」の境界線を明確に引いて伝えるクセをつけると、ストレスが溜まりにくいコミュニケーションをとれるようになります。

自分のなかで怒りを大きくしない

ちょっとしたことが大きな怒りになって、その人の存在が嫌になってしまうことがあります。50歳くらいの男性から、

「自分の20代の部下の存在自体が嫌だ」

という相談がありました。

「自分が上司だけれど、あの部下は苦手というよりも、ただただ嫌だ」

と言うので、嫌だと思う原因を紐解いていくと、お願いしたことで同じミスを3回も4回も繰り返す、期日を守らない、思ったように動いてくれない、自分の価値観と違う、といったことが原因でした。

自分が頼んだことにミスを繰り返す。注意してもまた繰り返す。その行為に辟易し、遂には、その人自体が嫌になってしまうというケースは、じつは少なくないのです。

「相手の存在自体が嫌だ」という感情は、本人が大きくしているものです。

このようなときには、すべてが嫌だと大きく括らずに、そもそも何がここまでの思いになる原因だったのかを振り返ってみましょう。そうすると、その多くが先ほどのような「同じミスを繰り返す行為」といった小さなことがきっかけだとわかってきます。

わかったら、「仕事でミスを繰り返す」「何度言ってもわからない」という核の部分に注目します。

何度言ってもわからない場合は「このやり方でよかったのか？」ということにフォーカスしていきましょう。これができないと相手の全部が嫌になってしまうからです。

相手にできていることがある場合は「ここはできている」「ちゃんと言った通りにできて

いることもあるな」とリストを作って整理していくといいでしょう。

そうしなければ、過剰にストレスを大きくしてしまい、その人との関係さえも歪んでしまいます。何が発展してこの気持ちになってしまったのかを、自分自身で立ち戻って考えるようにしていきましょう。

大きなミスをした場合の叱り方

叱らなければいけない場面には、軽いものから重いものまであります。

たとえば、部下が会社の信用問題に関わるような大きなミスをしてしまったとき。本人がとても申し訳ないと思っている場合には、必要以上のことを言う必要はありませんが、ミスに対して自覚が足りないように見えるときには叱る必要があるでしょう。

では、ミスしてしまったあとに改善される素振りがなく、このままいけばまた大きなミスをするだろうという相手に対してはどのように叱るといいのでしょうか。まずは「お客様に約束した報告ができないことで、お客様の期待を裏切り、迷惑をかけていることをわかってほしい。あなただけではなくて組織の信頼をなくすことにつながってしまうほど深刻なことなんだ」

「あなたひとりの問題ではなくて、いままで培ってきた、お客様とうちの会社との信頼関係にも影響することもわかってほしい。組織の一員としての自覚を持ってもらいたい」

という話をするといいでしょう。

さらに自覚がなさそうな相手であれば、

「お客様へのお詫びやフォローの仕方が不十分だから、軽く受けとめているように見える」

とはっきり伝えていきましょう。

ただ、このとき「軽く受けとめているでしょう」と決めつけないようにしましょう。

この行為ひとつがどこまで影響を及ぼすのかを改めてわかってほしいなら、具体的に、

「今回の一件は、金額にすると８００万～１０００万の損失にあたることなんだよ」

「今後この会社との契約が打ち切られた場合、年間２０００万の損失になって、ほかの仕事で簡単に賄えることではない」

というように数字を入れるのもいいですね。

抽象的な言葉ではまったく伝わらない場合があるので、これがどれくらいの影響を与える

ものて、どうなってしまうのか、それを挽回するためにどれくらいの労力が必要になってくるのかも、深刻な場合には伝えたほうがいいでしょう。

「お客様との取引に影響がある場合、年間５０００万円の利益がここで失われることも想像してほしい」

「これは、いままでお客様との信頼関係で何年も続いてきたことを、一瞬にして失うということになるんだよ」

このように、ときにははっきりと言わなければいけないこともあると思います。

日頃の就業時間内に終わらないことや遅刻などは、人によって重要度は違うと思うのですが、会社の損失に関ってくる大きなミスや、それを自覚していないようなケースでは話が違ってきます。数字などを具体的に伝えるほうが相手にも残りますし、「そんな大きな問題になっちゃったんだ……」という自覚も生まれやすくなります。

また、本人は起こしたミスを、そのまま忘れてしまうかもしれません。しかし、事が大きければ大きいほど、そのうしろで動かなければならない人たちがいます。

「これを挽回するのに営業部のメンバーもこれだけ動いている」

という事実も伝えないとわからない場合があるでしょう。

想像力に欠ける人への対処法

「なんでここまで言わなくてはいけないんだろう！　普通なら、想像できるはずなのに！」

という相談を受けることがあります。

経験不足の場合、とくに、一つひとつの仕事が全体につながっていることや、長期的に実を結んでいく仕事がどういうものなのかという認識が欠けている人もいます。そういった想像ができないので、AをしないとBにつながらない。AがあってBがあるからCにつながっていくということがわからないことが多いのです。

想像ができる人は、言われなくてもその背景まで慮ることができるので、注意するときも

「前日では間に合わないから、今後のことを考えると3日くらい余裕を持って言ってね」

と伝えるだけで通じます。ところが、想像ができない人の場合、これでは通じません。いろいろなことを中学生に伝えるように説明しなければわからないのです。ここがマネジメント層と部下との間で、問題になるところではないでしょうか。

たとえば、経験値が浅いと想像力を働かせることはできません。

「あなたの仕事は、こういうことにつながっていて、このことにまで影響があるよ」と言ってあげないとわからないのです。それが20代の新人だったらわかるのですが、いまは30代後半や40代の人でも、この想像力が欠けている人が多いと耳にします。

おそらく「ここまで言わなきゃいけないのか」と思う部分まで伝えていかなければいけないでしょう。しかも1回では伝わらないこともあるので、何回も伝えることを前提として考えていかなければなりません。

とくに想像力が欠けている人には、背景まで細かく説明する必要があります。

また、背景の説明では「これをすることによって、どのような影響を及ぼすのか」というイメージがわくように伝えていく必要もあるのです。

「ここまで言わないとわからないのか！」とついイライラしてしまいますが、それでは自身のストレスが溜まるばかりです。

「ここまで言わないとわからないこともある」と割り切る選択をしたほうが建設的かもしれません。

ポイント

☑叱る目的とは
- 相手の成長を願って行動を改善してもらうため
- 挽回のチャンスを与えるため

☑改善を促すための適切な叱り方
- 「次からこうしてほしい」という相手へのリクエストを具体的に伝える
- 「なぜそうしてほしいのか」理由を伝えると説得力が増す

☑悪い叱り方
- 機嫌によって叱る基準がブレる
- 人格を攻撃する
- 過去の出来事を引っ張り出す

☑叱る前に知っておきたいこととは
- 日頃からの信頼関係が大きく左右する
- 信頼関係がなくては、相手に響かない
- 「何」を言うかと同時に「誰」から言われるかも大切
- 相手に伝わると信じて向き合う
- 自分の正義を押しつけない

☑正論で詰める言い方をすると……
- 思考停止になる
- その場を逃れるために言い訳を言い続ける
- 心のなかで反発心を抱く

おわりに

最後まで本書をお読みいただき、ありがとうございます。

アンガーマネジメントを身につけることで、自分の感情をうまく扱えるようになったという声、部下や上司とのコミュニケーションが劇的によくなって昇格したという声、家族仲が良好になったという声をいただいています。


人と関わることは、決してラクではありません。

ひと昔前よりも、いまの時代のほうが、人を動かすことが難しくなってきているのではないでしょうか。ときには想像を超える言動をする若手と対峙しながら、スピードを要求され、ハラスメントに気をつかい、上層部ともいい関係を築く必要がある。

とくにマネジメント層は、求められることが多い分、本当に大変ですよね。

しかし、ストレス社会と言われるいまだからこそ、怒りに振り回されない自分をつくっておきたいものです。

本書執筆にあたっては、さまざまな方にお世話になりました。「現場の方たちに、日々研修を重ねている戸田さんだからこそ書けることがあるはず」と声をかけてくださった、日本経済新聞出版社の細谷和彦さんに改めて感謝いたします。

出版のパートナーとして、ともにこの本を作り上げてくださった㈱サイラスコンサルティングの星野友絵さん。今回も本当にありがとうございました。

「怒りの連鎖を断ち切ろう」という理念のもとで走り続けてきた、アンガーマネジメントの第一人者であり、日本アンガーマネジメント協会の代表理事の安藤俊介さんにも、心よりお礼申し上げます。

そして、執筆に集中できる環境づくりに協力してくれた夫、社会人になってがんばっている息子へ。心からありがとう。

2020年3月

戸田　久実

著者略歴

戸田 久実（とだ・くみ）

アドット・コミュニケーション㈱代表取締役
一般社団法人日本アンガーマネジメント協会理事

立教大学卒業後、大手企業勤務を経て研修講師に。銀行・生保・製薬・通信・総合商社などの大手民間企業や官公庁で「伝わるコミュニケーション」をテーマに研修や講演を実施。対象は新入社員から管理職、役員まで幅広い。

講師歴27年。「アンガーマネジメント」や「アサーティブコミュニケーション」「アドラー心理学」をベースとした「言葉がけ」に特化するコミュニケーション指導に定評があり、これまでのべ指導数は22万人に及ぶ。
近年では、大手新聞社主催のフォーラムへの登壇やテレビ、ラジオ出演など、さらに活躍の幅を広げている。
主な著書に『アンガーマネジメント 怒らない伝え方』『アドラー流 たった1分で伝わる言い方』（以上 かんき出版）『働く女の品格』（毎日新聞出版）『マンガでやさしくわかるアンガーマネジメント』（日本能率協会マネジメントセンター）など多数ある。

日経文庫 1420

アンガーマネジメント

2020年3月13日　1版1刷
2024年9月18日　　13刷

著者　戸田 久実
発行者　中川 ヒロミ
発　行　株式会社日経BP
日本経済新聞出版
発　売　株式会社日経BPマーケティング
〒105-8308　東京都港区虎ノ門4-3-12

装幀　next door design
編集協力　星野 友絵（silas consulting）
組版　マーリンクレイン
印刷・製本　三松堂

 ISBN978-4-532-11420-6
Printed in Japan